F.-B. Habel
Zerschnittene Filme

F.-B. Habel

Zerschnittene Filme

Zensur im Kino

Gustav Kiepenheuer Verlag

Mit 16 Abbildungen und einem Verzeichnis
der im Buch erwähnten Regisseure

ISBN 3-378-01069-X

1. Auflage 2003
© Gustav Kiepenheuer Verlag GmbH, Leipzig 2003
Umschlaggestaltung gold Fesel/Dieterich
Druck Clausen & Bosse, Leck
Printed in Germany

www.gustav-kiepenheuer-verlag.de

Inhalt

Vorwort

Wenn der Zuschauer heute ältere Filme im Fernsehen, auf Video oder in Reprisen der Programmkinos sieht, ahnt er nicht, daß er oftmals nicht den Film zu sehen bekommt, den Autor und Regisseur nach ihren Intentionen konzipiert und meist auch gedreht haben.

Filmverstümmelung hat es von jeher gegeben. Immer wieder kam es zu Interessenkonflikten, in deren Ergebnis Filme gekürzt, Szenen gekappt, Dialoge verändert wurden. Allerdings kann man sich da und dort auch die Frage stellen, ob bestimmte Eingriffe nicht durchaus gerechtfertigt waren.

Da Filme immer kollektiv hergestellte Werke waren und sind, ist die Verantwortung für die authentische Fassung nicht ganz leicht festzustellen. Liegt sie beim Autor, beim Regisseur, beim Produzenten, beim Verleiher? Sie alle haben – stärker als andere stilprägende Mitarbeiter eines Films, etwa Kameramann, Ausstatter oder Schauspieler – eine wesentliche Verantwortung dafür, in welcher Form der Film in die Öffentlichkeit kommt. Doch bei wem liegt die letzte Verantwortlichkeit? Es gibt Fälle, in denen der Produzent für einen Stoff den Regisseur sucht, der ihm den Film nach seinen, des Produzenten Intentionen dreht, es gibt andere Fälle, in denen sich der Regisseur mühevoll Produzenten sucht, die gewillt sind, seinen, des Regisseurs, künstlerischen Vorstellungen zu folgen. In allen Fällen hat der Filmautor ein gewichtiges, wenn auch kaum entscheidendes Mitspracherecht. Da ein Film, der nicht gezeigt wird, seine Wirkung und sein kommerzielles Ziel verfehlt, ist als letztes Glied der Kette der Verleiher von Bedeutung, der bestimmte Aspekte des Inhalts vorherrschenden Trends anpassen will oder sich bei Überlängen ein Eingriffsrecht nimmt. Nicht selten sind übrigens auch Verleiher Auftraggeber bestimmter Filmproduktionen.

Unter all diesen Aspekten ist es in der Geschichte des Films seit 1895 immer wieder zu unterschiedlichen Eingriffen in fertige oder fast fertige Filme gekommen, bei denen in den seltensten Fällen künstlerische Belange berücksichtigt wurden.

Eine wichtige Rolle spielt dabei auch die Filmzensur, die in verschiedenen Ländern auf unterschiedliche Weise institutionalisiert war und ist und entsprechend unterschiedlich wirkte. Sie konnte sowohl politische als auch moralische Fragen des Filmstoffes betreffen.

Die staatliche Zensur in einer Demokratie kann durchaus legitim sein. Menschenverachtende Ideologien wie die des Faschismus sollten ebensowenig den Weg zum Publikum finden wie jegliche Gewaltverherrlichung, um nur zwei Beispiele für Tendenzen zu nennen, vor denen Zensur schützen sollte. Allzu oft kam es jedoch vor, daß Zensurgremien nicht allgemeinstaatliche Interessen, sondern handfeste politische Ziele von Parteien oder gesellschaftlichen Gruppierungen vertraten. Natürlich besetzten die jeweils Herrschenden ein so wichtiges Instrument, wie es eine Zensurbehörde ist, mit den ihnen genehmen Leuten. Nicht selten wurde auch geschmäcklerisch oder nach veralteten Moralauffassungen geurteilt.

Eine andere Zensur wurde von Produzenten, Verleihern

oder Fernsehanstalten gegenüber den berechtigten Interessen der Filmschöpfer ausgeübt. Handlungselemente, von denen man meinte, daß sie die Zensur schwer passieren könnten, nahmen Produzenten von vornherein heraus. Filme mit Überlänge wurden vom Verleiher gekürzt, und Sendeverantwortliche der Fernsehanstalten schnitten nicht nur erotische oder Gewalt-Szenen, damit manche Streifen zu einer frühen und dem Jugendschutz obliegenden Tageszeit gesendet werden konnten, sie kürzten auch, damit ein Film einen bestimmten Sendeplatz ausfüllen konnte. Mitunter wurde auch bei Wiederholungen auf anderen Sendeplätzen nicht mehr auf die Originalfassung zurückgegriffen.

In diesem Lexikon sollen beispielhafte Fälle von Eingriffen in Inhalt und Handlung dargestellt werden. Änderungen während der Produktion, bei denen meist Kompromisse geschlossen wurden, sollen dabei weitgehend außer acht gelassen werden. Hier geht es um Veränderungen an fertigen Filmen entweder nach der Abnahme des Films oder auch nach seiner Uraufführung.

Ein anderer Aspekt betrifft Verfälschungen, die bei der Aufführung eines Films im Ausland vorgenommen wurden, weil man den Stoff den Sehgewohnheiten des anderen Landes anpassen wollte – Änderungen, die von Produzenten und Verleihern des Ursprungslandes mit Blick auf den ökonomischen Erfolg meist hingenommen wurden. Mitunter war es auch Regisseuren möglich, sich gegen solche Eingriffe zu wehren. So wurden beispielsweise in verschiedenen Ländern Szenen des amerikanischen Holocaust-Films »Schindlers Liste« von Verleihern abgelehnt, weil Gewalttätigkeiten oder unbekleidete Menschen zu sehen waren.

Regisseur Steven Spielberg wehrte sich allerdings erfolgreich gegen jegliche Eingriffe in seinen Film.

Eine nicht unerhebliche Rolle spielen inhaltliche Verfälschungen, die im Zuge der Synchronisation zustandekamen. Dabei war es nicht selten, daß Filme gänzlich neue Inhalte erhielten, wie das besonders krasse Beispiel »Casablanca« zeigt.

Das vorliegende Lexikon kann die verschiedenen Spielarten der Filmverstümmelungen nur andeuten, einige markante Beispiele zeigen und die mitunter spannende Geschichte der Zensurfälle beleuchten. Darunter finden sich »Klassiker« wie »Panzerkreuzer Potemkin«, »Im Westen nichts Neues« oder »Kuhle Wampe« ebenso wie Unterhaltungsfilme, von der »Olsenbanden«-Reihe bis zu Billy Wilders »Küß mich, Dummkopf« oder dem Bruce-Willis-Erfolg »Stirb langsam«. Manchmal erhalten Regisseure nach Jahren endlich die Möglichkeit, einst geschnittene Szenen für eine Wiederaufführung in ihren Film einzubauen. Auch für diesen »Director's cut« liefert dieses Buch einige Beispiele.

Um eine Eingrenzung zu finden, wurden nur Filme in den Band aufgenommen, die im deutschsprachigen Raum zu sehen waren. Sie sind alphabetisch nach ihrem deutschen Verleih- oder Sendetitel angeordnet.

Wenn eine Grenze an der Jahrhundertwende gezogen wurde, heißt das nicht, daß im neuen Jahrhundert keine Zensur mehr stattfindet. Nach wie vor werden Filme verändert, mal mit, mal ohne Zustimmung der Schöpfer. Als Beispiel sei hier nur der sozialkritische ungarische Gegenwartsfilm »Szép napok« (Schöne Tage) des Nachwuchsregisseurs Kornél Mundruczó genannt. Er wurde 2002 auf dem Festival in Locarno mit einem Preis ausgezeichnet. Hier fand er einen französischen Weltvertrieb, der allerdings verlangte, daß die vorliegende Fassung verändert werden mußte. Im Kino werden die Zuschauer also strenggenommen nicht mehr den preisgekrönten Film sehen können, denn zum einen gab es Umstellungen in der Szenenfolge, zum anderen ist der Film nun zwölf Minuten kürzer.

Im vorliegenden Band stütze ich mich auf eine umfangreiche Literatur zum Thema, aber auch auf Gespräche mit vielen Filmleuten, Redakteuren und Filmhistorikern. Besonders dankbar bin ich der DEFA-Stiftung mit ihrem Vorstand Wolfgang Klaue für inhaltliche wie auch finanzielle Unterstützung sowie dem Dramaturgen und Filmhistoriker Joachim Stargard, der mir seine unveröffentlichten Recherchen zum Film »Dschungel in Paris« zur Verfügung stellte. Ich danke ebenso herzlich dem Filmklub »Olga Benario«, Frankfurt/Oder, dem Bundesarchiv-Filmarchiv Berlin und seiner Bibliothekarin Julika Kuschke, dem Verein »Die ersten 100 Jahre Kino« mit seinem Vorsitzenden Prof. Günter Reisch; Ingolf Alwert, Margot Busse, György Fehéri, Karin Fritzsche, Fred Gehler, Egon Günther, Inge Habel, Werner Hecht und Christa Mühl, Traudel Kühn, Silja Lésny, Kurt Ritter, Machmud Schubel sowie Lydia Wiehring von Wendrin und Kirsten Lehmann von der Bibliothek der HFF »Konrad Wolf« in Potsdam-Babelsberg und nicht zuletzt meinem Lektor Jörg Schieke für die Idee zu diesem Buch.

Den Lesern wünsche ich, daß sie nach der Lektüre so manchen Film mit anderen Augen sehen!

F.-B. Habel   Im Sommer 2003

Aladdin

(USA 1992, Regie John Musker, Ron Clements)

In der Zeichentrickversion des bekannten Märchens aus Tausendundeiner Nacht erregte das Lied »Arabian Nights« bei arabischen Bevölkerungsgruppen Anstoß und wurde vom Disney-Studio nachträglich geändert. Die Entrüstung der Araber ist verständlich, gibt es in dem Lied doch Textzeilen wie: »Where they cut off your ear if they don't like your face.« – »It's barbaric, but hey, it's home.« (Man schneidet dein Ohr ab, wenn dein Gesicht nicht gefällt, barbarisch, aber heimatlich.) Statt dessen hieß es nun: »... das Land ist flach und riesig und die Hitze groß. Es ist barbarisch, aber hey, es ist die Heimat.« In der deutschen Fassung (die Filmsongs wurden seinerzeit auch übertragen) blieb der Text allerdings, wie er im amerikanischen Original gewesen war: »Du riskierst deinen Kopf, und sofort ist er weg.«

Alexander Newski

(Aleksandr Newski, Sowjetunion 1938, Regie Sergej Eisenstein)

Der sowjetische Meister-Regisseur legte dieses Epos, ein Meilenstein des modernen Films, ganz bewußt als Parabel auf die Bedrohung Europas durch die deutschen Faschisten an. Das historische Raster ermöglichte es Eisenstein, zeitlose Phänomene wie Macht und Ohnmacht, Mut und Verrat in eine üppig-grandiose Bildsprache zu übersetzen.

Im 13. Jahrhundert wird Rußland vom Deutschen Kreuzritterorden angegriffen. Die Kreuzritter erobern Pskow und brandschatzen die Stadt. Als auch Nowgorod Gefahr droht, ruft man den berühmten Feldherrn Alexander Newski (Nikolai Tscherkassow) zu Hilfe. Er führt sein Heer im Jahr 1242 in der Schlacht auf dem Peipussee gegen die Kreuzritter zum Sieg.

Eisenstein drehte dabei eine Szene, in der die Helden auf einer Brücke kämpfen und der Waffenschmied Ignat (Dal Orlow) ins Wasser geworfen wird. Diese Szene fehlt jedoch im Film. Der Grund war: Stalin hatte sich eine Kopie, die noch nicht fertig geschnitten war und in der eben diese Sequenz fehlte, vorführen lassen und für gut befunden. Nach dieser Abnahme durch den allmächtigen Stalin wagte keiner mehr eine Veränderung an dem Werk.

Als der Film 1963 in bundesdeutsche Kinos kommen sollte, wurde er vom → *Interministeriellen Filmprüfungsausschuß* begutachtet. Dabei wurden längere Passagen – speziell die der Eroberung Pskows – als deutschfeindlich eingestuft. Alle Szenen, in denen deutsche Kreuzritter besonders brutal daherkamen, mußten entfernt werden. Statt des knapp zweistündigen Films kam nur ein 75 Minuten langes Fragment zur Aufführung. Erst 1966 wurde die vollständige Fassung in der Bundesrepublik aufgeführt.

Altes Herz geht auf die Reise

(Deutsches Reich 1938, Regie Carl Junghans)

Der aus heutiger Sicht eher verstaubt wirkende Film basiert auf einer Geschichte des Erfolgsautors Hans Fallada und trug so viel Brisanz in sich, daß er während der Dreharbeiten mehrfach verändert werden mußte und schließlich bis zum Ende der nationalsozialistischen Herrschaft verboten blieb.

Der Film erzählt von einem gutherzigen, aber weltfremden Professor (Eugen Klöpfer), der seinem verwaisten Patenkind (Helga Marold) helfen will, den ererbten Gutshof gegen den Willen der Pächter in die eigenen Hände zu nehmen.

Regisseur Carl Junghans erhielt noch in der Drehphase die Anweisung, bestimmte Sujets zu ändern. So war die Pächterin Mali Schlieker (Maly Delschaft) bei Fallada als Epileptikerin angelegt. In der neuen Fassung hatte sie allerdings nur an Unwohlsein aufgrund einer Schwangerschaft zu leiden. Der Amtsgerichtsrat Schulze (Ernst Legal) tätschelt in einer Szene ursprünglich den Po des Mündels. Da sich ein deutscher Beamter aber laut Propagandaministerium nicht so verhält, wurde dieser »Übergriff« geschnitten.

Wohl wurde das ursprüngliche Drehbuch, das sich eng an Falladas Vorlage hielt (obwohl der Autor dem Szenarium nicht vollends zustimmte), verfilmt. Doch wurde der Regisseur Carl Junghans nach Abschluß der Dreharbeiten gezwungen, den Schluß zu ändern. Junghans drehte eine Gerichtsszene nach, in der der Pächter Schlieker (Gerhard Bienert) – anders als bei Fallada – für eine versuchte

Brandstiftung verurteilt wird. Heute ist nur die entschärfte Version (die einige Handlungssprünge aufweist) erhalten.

Der Film wurde 1947 und 1969 auf Filmfestivals in Los Angeles und Oberhausen gezeigt, lief in den siebziger und achtziger Jahren je einmal im Fernsehen der beiden deutschen Staaten und war ansonsten nur gelegentlich in Liebhaberaufführungen zu sehen.

Amistad
(USA 1997, Regie Steven Spielberg)

Die abenteuerliche Geschichte beruht auf historischen Ereignissen, die sich 1839 auf dem spanischen Sklavenschiff »La Amistad« vor der kubanischen Küste zugetragen haben. 53 afrikanische Sklaven brechen aus und versuchen, die Freiheit zu erlangen.

Der vielfach preisgekrönte Film wurde in Jamaica zensiert. Hier war man der Meinung, daß die Anfangssequenz, in der sich die meuternden Sklaven selbst befreien und mit Macheten ihre Aufseher töten, das jamaicanische Volk (90 % der Jamaicaner stammen von westafrikanischen Sklaven ab) fälschlicherweise als überaus gewalttätig darstellt. Offiziell hieß es allerdings, daß die Gefühle der Jamaicaner verletzt würden, wenn man ihre Vorfahren bei derartigen Grausamkeiten zeigt.

Anders als du und ich (§175)

(BRD 1957, Regie Veit Harlan)

Ein 17jähriger Gymnasiast (Christian Wolff) freundet sich mit einem homosexuellen Antiquitätenhändler (Friedrich Joloff) an, der als eine Art lokaler Avantgarde-Vorkämpfer junge Leute an elektronische Musik und moderne Kunst heranführt. Die Mutter des Gymnasiasten (Paula Wessely) stiftet daraufhin ein Hausmädchen (Ingrid Stenn) dazu an, den Jungen zu verführen und somit auf den rechten Pfad der Männlichkeit zurückzubringen. Nun wird die Mutter wegen Kuppelei angeklagt. Der Sohn aber liebt fortan Frauen, beendet seine »abstrakte Phase« und hört nur noch Chopin.

Der Film wurde schon vor seinem Start kontrovers diskutiert; zum einen, weil Regisseur Veit Harlan aus der Zeit der nationalsozialistischen Herrschaft Filme zu verantworten hatte, die die Juden-Vernichtung wie auch den Kriegs- bzw. Durchhaltewillen der Bevölkerung befördern sollten. Zum anderen war Homosexualität in der Öffentlichkeit noch immer ein Tabu-Thema, wenngleich es Bestrebungen gab, den entsprechenden Paragraphen 175 zu reformieren. Eben dagegen richtete sich die Aussage des Films, der noch dazu von einem kleinbürgerlich-konservativen Standpunkt aus moderne Richtungen in Musik und Malerei als »entartete Kunst« diffamierte.

Die → FSK gab den Film, der zunächst unter dem Titel »Das dritte Geschlecht« eingereicht wurde, nicht frei – offenbar, weil er noch zu liberal geraten war. »Das sittliche Empfinden des Volkes« würde Homosexualität verurteilen, und es seien »die Gefahren der Homosexualität«

deutlich zu machen. Von der Homosexualität sei »eindeutig und unmißverständlich« abzurücken, während der vorliegende Film geradezu um Verständnis für die Homosexuellen werbe, »wenn wiederholt vom ›Schicksal‹ oder von ›Schatten sind auch in der Natur‹ gesprochen wird«. In der Begründung der *FSK* wird folgendes Fazit gezogen: »Ein Film mit solcher Wirkung kann von Homosexuellen nur begrüßt werden, während alle Bevölkerungskreise, die noch ein Gefühl für Sitte und Recht haben (und dies ist der weitaus überwiegende Teil des Volkes), in ihren Empfindungen aufs schwerste getroffen werden.«

Die Verleihfirma kürzte den Film daraufhin um eine vierminütige Szene, in der der Kunsthändler mit einem schwulen, aber nichtsdestotrotz äußerst seriös wirkenden Anwalt über Probleme Homosexueller spricht. Weiter wurde eine Szene, in der sich der Kunsthändler mit ausländischen Freunden trifft, gekürzt, um nicht die Annahme aufkommen zu lassen, Homosexuelle seien in vielen Ländern beruflich erfolgreich und in einflußreichen Positionen.

Andere Sequenzen wurden neu gedreht. So wird der Kunsthändler, der am Ende des Films zunächst nach Italien reist, jetzt auf dem Bahnhof Zoo festgenommen. Die kuppelnde Mutter, die in der ersten Fassung zu einer Gefängnisstrafe verurteilt wird, erhält nun Bewährung.

In Österreich konnte der Film in der ursprünglichen, kaum weniger schwulenfeindlichen Fassung laufen.

Auf Wiedersehen, Franziska!

(Deutsches Reich 1940/41, Regie Helmut Käutner)

Die Geschichte der Ehe eines vielbeschäftigten Reporters (Hans Söhnker) entstand kurz nach Kriegsbeginn, war jedoch weitgehend frei von zeitbezogenen Anspielungen. Auf Anweisung des Reichspropagandaministeriums mußte Helmut Käutner aber eine kriegspropagandistische Szene in den Schluß des Films einbauen, die dann so aussah, daß der Held zur Wehrmacht einberufen wird. Käutner setzte die Passage allerdings durch Schwarzstreifen und Perspektivwechsel vom übrigen Film ab. Als der Film nach Kriegsende von den Behörden der Alliierten verboten wurde, konnte die störende Szene leicht entfernt werden, und »Auf Wiedersehen, Franziska!« ging als normaler Unterhaltungsfilm wieder in den Verleih.

Der Auslandskorrespondent → Mord

Berüchtigt → Weißes Gift

Canaris

(BRD 1954, Regie Alfred Weidenmann)

Aus dem Film, der die oppositionelle Einstellung des deutschen Abwehrchefs Admiral Canaris (O. E. Hasse) gegenüber Adolf Hitler thematisiert, mußte auf Veranlassung von → FSK und Auswärtigem Amt eine Wochenschauszene vom Einmarsch der Deutschen in Wien 1938 herausgeschnitten werden, in der die österreichische Bevölkerung Hitler zujubelt. Man befürchtete »ungünstige Auswirkungen bei der Präsentation des Films im Ausland«.

Casablanca

(USA 1942, Regie Michael Curtiz)

Das Melodram um das Wiedersehen einer schönen, aber inzwischen verheirateten Frau (Ingrid Bergman) mit ihrer einstigen großen Liebe, dem Barbesitzer Rick (Humphrey Bogart), spielt vor dem Hintergrund des Zweiten Weltkriegs in Casablanca, jener marokkanischen Stadt, die vielen Verfolgten des nationalsozialistischen Regimes als letzter Fluchtpunkt nach Übersee diente. Doch auch hier waren sie vor den Schikanen der mit den Deutschen kollaborierenden Vichy-Regierung und der deutschen Besatzer nicht völlig geschützt.

Der Film erhielt 1944 drei Oscars und hat mit den Jahren an Qualität nichts eingebüßt, so daß er sechzig Jahre nach seiner Premiere als internationaler Kultfilm schlechthin gilt. Besonderen Wert gewinnt der Streifen durch die authentische Mitwirkung zahlreicher Stars, die vom deutschen Faschismus verfolgt waren und die kleine und kleinste Rollen übernahmen, so zum Beispiel Peter Lorre, Szöke Szakall, Curt Bois, Wolfgang Zilzer, Ilka Grüning und Trude Berliner.

Als der Film 1952 in der noch jungen Bundesrepublik in die Kinos kam, wurde er durch die deutsche Bearbeitung völlig entstellt. Aus dem Anti-Nazi-Film wurde eine flache Agentengeschichte. Der tschechoslowakische Widerstandskämpfer Victor László (Paul Henreid), eine der drei Hauptfiguren des Films, mutierte in der Synchronfassung zum norwegischen Atomphysiker Victor Larsen, der von einem nie auftauchenden Kommissar Laporte verfolgt wird und dem Agenten seine Formel abjagen will. Ganze 21 Minuten wurden herausgeschnitten, darunter alle Szenen mit dem deutschstämmigen Hollywood-Star Conrad Veidt, der den faschistischen Major Strasser spielte. Einer der Höhepunkte des Films, als die Deutschen »Die Wacht am Rhein« anstimmen und von französischen Patrioten mit der »Marseillaise« niedergesungen werden, fehlte. Erst 1975 wurde von der ARD eine authentische deutsche Fassung von »Casablanca« produziert. Als Beispiel für die Unterschiede zitiert der Publizist Thomas Bräutigam folgenden Text der Ilsa:

1952: »Wir waren kaum verheiratet, als Victor die Delta-Strahlen entdeckte. Und du weißt, was dann passierte, ich war schon nach Paris vorausgefahren. Ich ahnte, daß sie ihn verhaften würden, aber eins habe ich nicht erwartet – er bekam 20 Jahre wegen Sabotage.«

1975: »Kurz nachdem wir geheiratet hatten, ging Victor zurück in die Tschechoslowakei. Sie brauchten ihn in Prag, aber da wartete die Gestapo auf ihn. Nur zwei Zeilen in der Zeitung: Victor László verhaftet, in ein Konzentrationslager gebracht ...«

Dead Zone – Das Attentat

(The Dead Zone, USA 1983, Regie David Cronenberg)

In dem Polit-Thriller nach Stephen King versucht ein junger Lehrer (Christopher Walken) einen Atom-Krieg zu verhindern. In einer Schlüsselszene kommt es am Schluß zum Suizid des überführten Mörders. Aus der Befürchtung heraus, der Film könne nur für Zuschauer ab 18 Jahren freigegeben werden, ließ der Produzent diese Szene gewissermaßen prophylaktisch herausschneiden. Der Charakter des Films wurde damit allerdings beschädigt.

Die Diktatoren

(BRD 1961, Regie Felix v. Podmaniczky)

Der Politologe Eugen Kogon hatte diesen aus Dokumentarmaterial zusammengestellten Film geschrieben, der die Wirkungsweisen moderner Diktaturen untersucht. Der Film wurde von der → *FSK* erst freigegeben, nachdem eine prunkvolle Hochzeitsszene mit der Tochter des faschistischen spanischen Diktators Franco eliminiert worden war. Diese Sequenz, so hieß es, sei geeignet, »die Beziehungen Deutschlands zu einem anderen Staat zu gefährden«. Hingegen blieben Passagen mit wesentlich härterer Kritik an Nikita Chruschtschow in der Sowjetunion und Fidel Castro in Kuba unbeanstandet.

Dracula

(USA 1930, Regie Tod Browning)

Die Schilderung der Untaten eines transsilvanischen Vampirs (Béla Lugosi) nach dem Roman von Bram Stoker fand in Brownings klassischem Horrorfilm durch die atmosphärisch dichte Kameraführung des Deutschen Karl Freund ihre kongeniale Umsetzung.

Der Film wurde in verschiedenen Ländern verstümmelt, auch in den USA, wo in einzelnen Bundesstaaten unterschiedliche Zensurmaßnahmen zum Zuge kamen. So wurde der Dialog eliminiert, in dem von Blut der Ratten, von Spinnen und Fliegen die Rede ist; auch die Schreie eines Kindes auf dem Friedhof waren nach dem Geschmack der Zensoren für die Nerven der Zuschauer zu viel. Eine Szene, in der ein Zeitungsartikel über die Opferung eines Kindes verlesen wird, mußte ebenfalls raus. Andere Länder verlangten die Entfernung eines in einem Kästchen verwahrten Skeletts oder die Erscheinung eines geheimnisvollen Insekts in einem Blechsarg.

Drei Milliarden ohne Fahrstuhl / Drei Milliarden ohne Lift

(Trent millards sans ascenseur / Sette cervelli per un colpo perfetto, Frankreich/Italien 1972, Regie Roger Pigaut)

Die Komödie um fünf Gauner, die während einer Juwelenausstellung den großen Coup landen wollen, mußte für die Ausstrahlung im DDR-Fernsehen geschnitten werden. In einer Szene hängen zwei Poster an der Wand, die Marilyn

Monroe und Mao Tse-tung darstellen. Der im sowjetischen Machtbereich verpönte chinesische Staatschef durfte schlichtweg nicht als ein Idol im Range einer Pop-Größe, wie es die Filmlegende MM war, dargestellt werden. Wahrscheinlich war den DDR-Zensurbehörden ein solch ungezwungenes Nebeneinander von Politik und Showbusiness sowieso unheimlich.

Dressed to kill

(USA 1980, Regie Brian De Palma)

Der Psychothriller erzählt von einem Serienkiller (Michael Caine), der seine Taten stets in Frauenkleidern begeht.

Da die Produzenten befürchten mußten, daß der Film eine X-Zulassung (womit eine Aufführung nur in bestimmten, etwa Pornokinos möglich gewesen wäre) durch die -> *MPAA* erhalten würde, ließ der Regisseur von vornherein einige bereits abgedrehte Szenen wieder entfernen, beispielsweise Teile einer Mordsequenz, Nacktszenen unter der Dusche und alle Einstellungen, in denen der Zuschauer Blut spritzen sah. Auch Dialogstellen mit derben Flüchen wurden umsynchronisiert. Schließlich bekam der Film eine R-Zulassung, was bedeutete, daß Zuschauer, die jünger als siebzehn waren, ihn nur in Begleitung Erwachsener sehen durften.

Dschungel in Paris / Das Raubtier rechnet ab

(Le fauve est lâché, Frankreich 1958, Regie Maurice Labro)

In der Reihe der französischen Unterwelt-Filme, die sich in den fünfziger Jahren an die amerikanische »schwarze Serie« anlehnte, wurde Lino Ventura rasch ein Star. In diesem Film spielte er seine erste Hauptrolle. Er ist der Restaurantbesitzer Paul, der schon einiges hinter sich hat. Einst war er Klein-Ganove und half gelegentlich auch der französischen Spionageabwehr. Inzwischen führt er ein bürgerliches Leben als Familienvater, bis eines Tages seine alten Mitstreiter aus dem »Deuxième Bureau« (französischer Geheimdienst) auftauchen und von ihm verlangen, ihnen seinen alten Freund, den Gangsterboß Raymond (Paul Frankeur), ans Messer zu liefern. Raymond will ein drei Millionen schweres Geschäft mit der Geheimformel eines militärisch bedeutsamen Raketentreibstoffs machen. Doch für Paul zählt alte Freundschaft mehr. Er gewinnt Raymonds Vertrauen und vertraut sich seinerseits Raymond an. Schließlich wird Raymond von anderen, rivalisierenden Gangstern (unter ihnen auch Amerikaner) erschossen, und Paul muß die Geschichte alleine zu einem Ende bringen.

»Le fauve est lâché«, zu deutsch »Das Raubtier ist los«, wurde in der Bundesrepublik 1959 unter dem Titel »Das Raubtier rechnet ab« aufgeführt. Erst 1967 kam der Film dann in der DDR als »Dschungel in Paris« in die Kinos. Diese Fassung war aber gegenüber dem Original stark verändert worden. Der Film war nicht nur um rund 400 Meter gekürzt worden, sondern erhielt in der Synchronisation eine völlig neue Tendenz.

So wurde aus Paul, dem Kleingangster, ein politischer

Widerstandskämpfer, der im Gefängnis wider Willen mit dem kriminellen Raymond zusammentrifft, mit dem ihn wenig verbindet. Als Paul Jahre später von einem Spionage-Oberst (Alfred Adam) aufgefordert wird, zum Zwecke der Wiederbeschaffung von Geheimdokumenten Kontakt zu Raymond aufzunehmen, stimmt er in der Dschungel-Version nach kurzem Zögern zu, um so seine patriotische Pflicht zu erfüllen. Gerade diese Unterredung zwischen Paul und dem Oberst wird völlig verändert. In der Originalversion lehnt Paul einen Einsatz gegen Raymond kategorisch ab. In der Dschungel-Fassung sieht er widerstrebend ein und sagt dem »Deuxième Bureau« seine Unterstützung zu. In der Originalfassung wird Paul durch eine mit erpresserischen Methoden durchgeführte polizeiliche Haussuchung »weichgeklopft«. In der DDR-Synchronfassung jedoch stimmt er von vornherein einer fingierten Haussuchung zu, um in Unterweltkreisen seine Glaubwürdigkeit zu erhöhen.

Ein wichtiges Motiv dieses – übrigens von Claude Sautet, dem später erfolgreichen Regisseur von typisch französischen Problemfilmen, wesentlich mitgestalteten – Films war es, zu zeigen, daß sich die rüden Manieren der französischen Spionageabwehr und die der Gangstercliquen durchaus ähnlich sind. In der Dschungel-Version wurde dieser Aspekt beseitigt. Die Schlüsselszene, in der Paul Raymond offenbart, daß er im Auftrag der Spionageabwehr zu ihm gekommen ist, wurde in der DDR-Fassung herausgeschnitten. Dieses Geständnis hatte es hier nicht zu geben.

Hintergrund dieser Veränderungen war offenbar das Bestreben, diesen französischen Film mit DDR-genehmer,

antiimperialistischer Propaganda aufzuladen. Einen Anhaltspunkt gibt das Filmprogramm »Film für Sie« des *Progress-Filmverleihs*. Da heißt es 1967, also neun Jahre nach
Entstehung des Films: »Dieser Film spielt nicht irgendwo und nicht irgendwann. Er spielt im Frankreich von
heute. (…) Die Gegensätze zwischen Frankreich und den
USA – hervorgerufen durch die unvermeidlichen Widersprüche in den Beziehungen der kapitalistischen Staaten
untereinander, erkennbar in dem Austritt Frankreichs aus
der NATO und in der entschiedenen Kritik des französischen Staatspräsidenten am amerikanischen schmutzigen
Krieg in Vietnam – werden nicht ignoriert, die antiamerikanische Position der Volksmassen nicht geleugnet. Der
Film widerspiegelt also auf seine Art eine gesellschaftliche
Realität.«

Daß der Film, der zur Zeit des französischen Krieges in
Algerien und acht Jahre vor dem Austritt Frankreichs aus
der NATO entstand, unbedingt einen Konflikt innerhalb
der kapitalistischen Welt verdeutlichen sollte, zeigen auch
die Werbezeilen für die Dschungel-Fassung in der DDR:
»Amerikaner greifen nach dem französischen Raketengeheimnis«, »Amerikanische Agenten in Frankreich«,
»Französische Abwehr faßt amerikanische Gangster«.

E. T.

(E. T. – The Extra-Terrestrial, USA 1982, Regie Steven Spielberg)

Der Fantasy-Film um einen liebenswerten Außerirdischen, der Freundschaft mit dem kleinen Elliot schließt,
war Anfang der achtziger Jahre ein Welterfolg. Für eine

Wiederaufführung nach 20 Jahren bearbeitete Steven Spielberg seinen Erfolgsfilm im Jahre 2002 noch einmal. Ursprünglich hatte man eine Szene, in der die Häuser mit Toilettenpapier bedeckt worden waren, mit Richard Wagners »Walkürenritt« unterlegt. In der ersten Fassung wurde letztlich darauf verzichtet, vermutlich, weil die Erinnerung an Coppolas »Appocalypse Now«, in dem diesen Wagner-Klängen eine Schlüsselfunktion zukam, zu stark war. 2002 jedoch wurde Wagners Musik in dieser Szene verwendet. Zwei andere Szenen, auf die in der alten Fassung verzichtet worden war, kamen jetzt ebenso wieder dazu. So wird der Zuschauer nunmehr Zeuge einer Halloween-Feier bzw. kann die schöne Sequenz verfolgen, in der E. T. im Badezimmer auf die Waage tritt und zu Elliots Erstaunen nur 16 Kilo wiegt.

Die Eingeschlossenen

(I sequestrati di Altona, Italien/Frankreich 1962, Regie Vittorio de Sica)

In der Adaption eines Bühnenstücks von Jean-Paul Sartre, die teilweise am (Ost-)Berliner Ensemble realisiert wurde, geht es um den inneren Verfall einer Großindustriellenfamilie vor dem Hintergrund der unbewältigten deutschen Vergangenheit.

Die → FSK gab den Film 1963 nur unter der Bedingung frei, daß folgende Textpassage geschnitten wurde: »Glaubst du, ich schätze, wonach Vater strebt? Und ich bewundere Flick, Krupp und Vater? Jedesmal, wenn ich einen Mercedes-Benz sehe, rieche ich den Gestank eines

Gasofens. (...) Wir haben Kanonen und Butter. Und Soldaten. Und morgen die Bombe.«

Die *FSK* argumentierte, es sei nicht tragbar, Namen der bundesdeutschen Großindustriellen Flick, Krupp und »Mercedes-Benz, die heute in der ganzen Welt durch eindrucksvolle Leistungen auch in den unterentwickelten Ländern hochangesehen sind und einen guten Klang haben, in die fatale Assoziation zu den unmenschlichen und verbrecherischen Geschehnissen der Nazi-Zeit zu bringen«. Die zweite Passage wurde bemängelt, weil »im Grunde das Aufstellen der Bundeswehr ironisiert und indirekt abgelehnt werde«.

Weiter wurde gefordert, daß ein Dialog geändert werden sollte, in dem »ein Bevollmächtigter der NATO« mit Unternehmern über Geschäfte »mit den Ostblockstaaten« verhandelt. Es »erwecke den Eindruck«, so die *FSK*, »als manipuliere die deutsche Industrie zwischen der NATO und den Ostblock-Staaten, was in Wirklichkeit nicht der Fall ist«.

Noch eine weitere Dialogstelle mußte verändert werden. Der Industrielle v. Gerlach (Frederic March) sagt: »Da in unseren höchsten Regierungsstellen noch immer gewisse Leute sitzen, die maßgeblich an Gesetzen mitgewirkt haben, denen zufolge sexuelle Beziehungen zwischen Ariern und Nicht-Ariern mit dem Tode bestraft wurden, bin ich durchaus nicht pessimistisch.« Der Ausschuß war der Meinung, daß diese Aussage unrichtig sei und verlangte eine Änderung der Formulierung in »Da in maßgeblichen Positionen noch immer ...«.

Ekstase (Symphonie der Liebe)

(Extase, Tschechoslowakei 1932/33, Regie Gustav Machatý)

In dieser Geschichte wendet sich eine in der Ehe unbefriedigte Frau (Hedy Kiesler) zunächst einem Liebhaber (Aribert Mog) zu, verläßt ihn aber wieder, als sie von ihm schwanger geworden ist. An sich hatte es diese Konstellation in Literatur und Film schon mehrfach gegeben, jedoch gewann Regisseur Machatý ihr neue Nuancen ab, indem er seine Geschichte weniger über Dialoge, dafür sehr symbolträchtig und in einer schwelgerischen Bildsprache erzählte. In die Filmgeschichte ging der Streifen wegen einiger Nacktszenen ein, die die Österreicherin Hedy Kiesler weltberühmt machten. Während eines Bades läuft ihr Pferd mit ihren Kleidern davon, und sie verfolgt es nackt durch den Wald. Ein junger Ingenieur beobachtet sie und fängt das Pferd ein, worauf sich ihre Romanze entspinnt. Provozierend wirkte eine Sequenz, in der sich ihr Gesicht beim Cunnilingus vielsagend im Wasser spiegelte. Diese Szenen ließ die Zensur in vielen Ländern entfernen. In Deutschland, wo der Film um 340 Meter gekürzt wurde, kam zudem eine Fassung in den Verleih, in der behauptet wurde, daß die Ehe geschieden worden sei – da das Verhalten der liebeshungrigen Heldin dann nicht ganz so unmoralisch schien. Außerdem nimmt sich der Ehemann (Zvonimir Rogoz) in dieser Fassung nicht das Leben, sondern stirbt in allen Ehren an Herzversagen, so daß die Fortsetzung der eigentlich ehebrecherischen Liebe moralisch legitimiert wird.

Trotz massiver Proteste aus dem Vatikan lief der Film 1933 auf den Filmfestspielen von Venedig und erhielt den

Regiepreis. Der Film wurde übrigens in drei Sprachversionen mit teilweise unterschiedlichen Schauspielern gedreht, auf tschechisch, deutsch und französisch.

Hedy Kiesler ging später nach Hollywood und wurde unter dem Namen Hedy Lamarr ein Star. Sie heiratete einen österreichischen Fabrikanten, der allerdings sehr eifersüchtig war. Einer Legende zufolge hat er alle »Ekstase«-Kopien, derer er habhaft werden konnte, aufgekauft und die Nacktszenen herausschneiden lassen. Deshalb waren lange Zeit keine intakten Kopien mehr im Umlauf, bis das *Filmarchiv Austria* in Wien Ende des letzten Jahrhunderts den Film in mehreren Versionen rekonstruieren konnte.

Die Elenden / Die Miserablen

(Les Miserables / I miserabili, DDR/Frankreich/Italien 1958, Regie Jean-Paul Le Chanois)

Der gesellschaftskritische Roman des französischen Nationalautors Victor Hugo erzählt von erschütternden sozialen und politischen Verhältnissen im Umfeld der Juli-Revolution von 1830.

Die Adaption von 1957/58 war die bis dato 20. Verfilmung von Hugos Roman und in ihrem Umfang wohl das bislang ehrgeizigste Projekt. Die staatliche DDR-Filmgesellschaft DEFA sicherte ihren französischen und italienischen Partnern größte künstlerische Freiheit zu und schuf mit der Bereitstellung von Technik und Atelierkapazitäten auch beste Rahmenbedingungen. Doch zahlte sich das nicht aus. Letztlich blieb vieles in den Netzen der

DDR-Ideologen, die vor allem die revolutionäre Note des Stoffes berücksichtigt haben wollten, hängen: »… daß dieser Film ein Beispiel dafür ist, wie die Pflege des klassischen Erbes nicht verstanden werden kann«, heißt es in der Einschätzung der Abnahmekommission. In der Bundesrepublik lief der Film unter dem Titel »Die Miserablen« in einer um 25 Minuten gekürzten Fassung, in der vom revolutionären Elan der französischen Volksmassen in vielen Sequenzen nicht mehr viel übrigblieb. Aber auch die DEFA-Fassung wurde verändert. »Die Elenden« wurde hier mit einem Kommentar unterlegt, der die Gesellschaftskritik Hugos stärker akzentuiert. Auch in dieser Fassung gab es Schnitte, wenn die allgemein-menschliche Komponente und religiöse Aspekte der Handlung zu stark betont wurden. So wurde eine Unterredung des Helden Jean Valjean (Jean Gabin) mit dem Bischof (Fernand Ledoux) geschnitten und die Sterbeszene Jean Valjeans gekürzt. Dabei fielen Valjeans Betrachtungen über die Liebe und seine Erinnerungen an den Bischof unter den Tisch. Wer Jean-Paul Le Chanois' authentischen Film sehen will, muß sich vermutlich das französische Original ansehen.

Endstation Sehnsucht

(A Streetcar Named Desire, USA 1951, Regie Elia Kazan)

Das gleichnamige düstere psychologische Drama von Tennessee Williams bot die Vorlage für den Film, der in der unteren Mittelschicht in New Orleans angesiedelt ist. Die neurotische und labile ehemalige Lehrerin Blanche

(Vivian Leigh) quartiert sich für einige Zeit bei ihrer Schwester Stella (Kim Hunter) und deren Mann Stanley (Marlon Brando) ein. Sie ist aus dem Dienst entlassen worden, weil man ihre Affäre mit einem 17jährigen Schüler entdeckt hat. Nun knüpft sie zarte Bande mit Stanleys schüchternem Freund Mitch (Karl Malden). Doch alles wird zerstört, als Stanley Blanche vergewaltigt. Stellas Ehe ist zerstört, und Blanche endet in der Psychiatrie.

Die Vergewaltigung war ein Problem. Die → *Production Code Administration* verlangte bereits in der Phase der Drehbucherstellung, daß sich diese entscheidende Episode nur in Blanches Phantasie abspielen dürfe. Damit wurde allerdings unglaubwürdig, daß Stella Stanley am Ende verläßt.

Der katholischen → *Legion of Decency* paßte zwar das Thema des Films generell nicht, aber sie bestand schließlich nur auf einigen Kürzungen, die dann doch fünf Minuten ausmachten. So mußten Großaufnahmen von Blicken getilgt werden, in denen die Beziehung zwischen den Eheleuten als überaus leidenschaftlich angedeutet werden. Bei Blanches Aufforderung an einen Zeitungsjungen, sie zu küssen, wurden die Worte »auf den Mund« herausgeschnitten. Auch mußten alle Bezüge auf Blanches Promiskuität verschwinden. Letztlich verlor der Film wichtige Wirkungsmomente, wurde aber trotzdem noch mit zahlreichen internationalen Preisen ausgezeichnet. Elia Kazan stellte 1993 eine Originalfassung seines Films her.

Eva und der Priester

(Leon Morin, Prêtre, Frankreich/Italien 1961, Regie Jean-Pierre Melville)

Der etwa zweistündige Film um einen Priester (Jean-Paul Belmondo), der einer zweifelnden jungen Frau (Emmanuelle Riva), die sich zunächst in den Geistlichen verliebt, die Rückkehr zum Glauben ermöglicht, wurde in der deutschen Fassung auf 91 Minuten gekürzt. Zunächst entfernte der Verleiher alle Szenen, die auf den Hintergrund der Geschichte, die deutsche Besetzung Frankreichs verwiesen, mit der Begründung, diese Szenen seien handlungsarm. Zusätzlich verlangte die -> *FSK* Kürzungen. So mußte eine Szene geschnitten werden, in der beim Besuch des Priesters bei der Frau angesichts eines Bettes vieldeutige Blicke gewechselt werden. Auch das Erteilen der Absolution durfte nicht gezeigt werden, weil die Hauptfigur keine wirkliche Reue empfinde und somit die Beichte nicht anerkannt werden könne.

Der Film wurde später vom ZDF restauriert und in seiner vollständigen Fassung ausgestrahlt.

Fanny Hill

(Fanny Hill: Memoirs of a Woman of Pleasure, BRD/USA 1964, Regie Russ Meyer)

Der Skandalroman von John Cleland erzählt von einem Freudenmädchen im London des 18. Jahrhunderts. Artur Brauners *CCC-Film* holte den amerikanischen Busen-Spezialisten Russ Meyer auf den Regiestuhl. In der deut-

schen Fassung jedoch war von Meyers Erotikszenen kaum
etwas zu sehen. Noch war die Sex-Welle in der Bundesrepublik nicht richtig angerollt, so daß die Nacktszenen
allein den amerikanischen Zuschauern vorbehalten blieben. Diese Stellen waren dann allerdings 1965 teilweise im
»Playboy«-Magazin zu bewundern. Wegen seiner schlüpf-
rigen Dialoge wurde der Film in der Bundesrepublik dennoch ein Publikumserfolg.

Feuerkopf

(The Red-Headed Woman, USA 1932, Regie Jack Conway)

Im Mittelpunkt steht die verführerische Sekretärin Lil
(Jean Harlow), die gezielt die Ehe ihres Chefs (Chester
Morris) zerstört, um in dessen reiche Familie einzuheira-
ten. Das hält sie jedoch nicht von Affären mit einem Ge-
schäftspartner ihres Mannes (Henry Stephenson) sowie
dessen Chauffeur Albert (Charles Boyer) ab.

Nach einem Unterhaltungsroman von Katherine Brush
schrieben die renommierten Szenaristen Anita Loos und
F. Scott Fitzgerald das Drehbuch zu diesem Film, der
deutlich emanzipatorische Züge trägt und zugleich die seinerzeit herrschende Moral ironisch attackiert. Der auch
heute noch frisch wirkende Film lebt stark von der erotischen Ausstrahlung und dem frechen Witz Jean Harlows,
einer selbstbewußten Vorläuferin jenes Typs, den Marilyn
Monroe zur Perfektion brachte.

Selbstverständlich wurde der Film im puritanischen
Amerika der dreißiger Jahre ein Fall für die Zensurbehörde. So etwa blieb von der Romanze zwischen Lil

und Albert nur noch ein kläglicher Rest übrig. Auch der Schluß fiel in mehreren Staaten der Schere zum Opfer. Hier war ursprünglich zu sehen, wie der Ehemann seine Frau Lil beobachtet, die just auf dem Rücksitz einer Limousine eine Affäre mit einem reichen älteren Herrn beginnt, wobei Lils früherer Liebhaber Albert am Steuer sitzt und das Treiben offenbar billigt.

Im Jahre 1934 wurde der freizügige Film aus dem Verkehr gezogen und blieb mehr als fünf Jahrzehnte in den Archiven verbannt, ehe er 1988 restauriert und als Video angeboten wurde. Im gleichen Jahr war er in der ARD erstmals in Deutschland zu sehen.

Die Feuerzangenbowle

(Deutsches Reich 1944, Regie Helmut Weiß)

In dem Komödienklassiker nach dem Roman von Heinrich Spoerl und Hans Reimann (dessen Autorenschaft meist unterschlagen wird) gibt es eine Szene, in der der Ordinarius (Lutz Götz) den Schüler Knebel (Clemens Hasse) auffordert, über die Goten zu sprechen. Sein Banknachbar Pfeiffer (Heinz Rühmann) hilft ihm mittels eines Spiegels, dessen Lichtreflex er an der Karte zu den Siedlungsgebieten der Goten, die sich bezeichnenderweise in Ost- und Westgoten teilten, führt. Diese Szene mußte für die Ausstrahlung im DDR-Fernsehen geschnitten werden, vielleicht auch, weil der Name der inzwischen polnischen Stadt Danzig fällt, die nur noch als Gdansk bezeichnet werden durfte.

Filme aus der Zeit des Nationalsozialismus in der DDR

Da die meisten Filmproduktionsfirmen in den Kulturbetrieb der Nationalsozialisten integriert waren und demzufolge später enteignet wurden, konnten die Filme aus dieser Zeit in beiden deutschen Staaten rechtefrei verwertet werden – wenn sie von den Militärbehörden der Alliierten nicht verboten und außerdem inhaltlich unverfänglich waren. In der DDR liefen viele Unterhaltungsfilme aus den Jahren 1933 bis 1945 erneut in den Kinos bzw. dann auch im Fernsehprogramm. Dabei wurde peinlich darauf geachtet, daß es möglichst keine Hinweise auf die Entstehungszeit der Filme gab. Grundsätzlich waren natürlich faschistische Hoheitszeichen verboten, also SS-Runen im Straßenbild oder etwa Hakenkreuze an Uniformteilen. Schwierig war es, wenn in von der Handlung her unverfänglichen Kriminalfilmen in den Büros Führerbilder hingen. So mancher Dialog wurde sinnentstellend geschnitten, damit diese Bilder nicht zu erkennen waren. Zwei Beispiele können für viele stehen.

Die damals so beliebten und eigentlich harmlosen »Liebesfilme« waren oft mit Hinweisen auf ihre Entstehungszeit geradezu gespickt. So war der Streifen »Ein Zug fährt ab« (1942, Regie Johannes Meyer) besonders schwierig zu »säubern«, weil er auf dem Anhalter Bahnhof in Berlin spielte, und während sich das Liebespaar (Leny Marenbach, Ferdinand Marian) und der gehörnte Ehemann (Hans Zesch-Ballot) auf dem Bahnsteig treffen, sind an den Waggons faschistische Hoheitszeichen und Hakenkreuze an Dienstmützen zu sehen. Im Hintergrund laufen

Soldaten in Wehrmachtsuniformen vorüber. All das mußte herausgeschnitten oder technisch unkenntlich gemacht werden. Dabei kam es zu so vielen Handlungssprüngen und zu einem solchen dramaturgischen Wirrwarr, daß der Film nur einmal und dann nie wieder gezeigt wurde.

Auch Ausdrücke, die dem nationalsozialistischen Sprachgebrauch entstammten, mußten eliminiert werden. So wurde beispielsweise in dem Liebesfilm »Sieben Briefe« (1944, Regie Vladimir Slavinsky) mit O. W. Fischer ein Chefredakteur als »Hauptschriftleiter« bezeichnet, ein im Dritten Reich eingeführter Ausdruck, der geschnitten werden mußte.

Filmprüfstelle/Filmoberprüfstelle

Die Filmoberprüfstelle und eine Filmprüfstelle (eine weitere befand sich in München) wurden zu Beginn der zwanziger Jahre in Berlin eingerichtet. Die Mitglieder dieser Prüfkammern ernannte der Reichsminister des Innern. Sie setzten sich aus einem hauptamtlichen Vorsitzenden und vier ehrenamtlich tätigen Beisitzern oder Sachverständigen zusammen. Die Sachverständigen hatten eine beratende Stimme, gaben Gutachten ab, nach denen der Vorsitzende seine Entscheidungen fällte. Nahm der Antragsteller oder der Filmverleih sein Einspruchsrecht in Anspruch, entschied die Filmoberprüfstelle für das gesamte Deutsche Reich. Trotzdem war es einzelnen Landeszentralbehörden möglich, Verbote über Filme zu verhängen, die von der Filmoberprüfstelle genehmigt worden waren.

Die 1921 (nach einer kurzen zensurfreien Zeit nach dem Ersten Weltkrieg) eingerichteten Kammern arbeiteten bis zum Kriegsende 1945. Da die Mitglieder schon vor 1933 politisch überwiegend »national gesinnt« waren, hatte sich die personelle Zusammensetzung auch nach Hitlers Machtübernahme nicht wesentlich geändert. So stand der Filmoberprüfstelle seit 1924 der Verwaltungsjurist Dr. Ernst Seeger vor, den der faschistische Propagandaminister Goebbels 1933 in seinem Amt bestätigte. Seeger zeichnete sich in der Folgezeit dadurch aus, daß er das geltende Zensurrecht im Sinne der faschistischen Ideologie auslegte. Dabei gelang es ihm, die Kontinuität des Lichtspielgesetzes zu sichern und es zugleich in den Dienst des Nationalsozialismus zu stellen, beispielsweise durch antisemitische Modifizierungen.

F. P. 1 antwortet nicht
(Deutsches Reich 1932, Regie Karl Hartl)

Der Abenteuerfilm um einen waghalsigen Flieger (Hans Albers) und eine im Meer schwimmende Flugplattform wurde auch im Fernsehen der DDR mehrfach gesendet. Allerdings mußte ausgerechnet das musikalische Bonbon, der Schlager »Flieger, grüß mir die Sonne« von Allan Gray, herausgeschnitten werden. Offenbar störte die anarchistische Tendenz des Textes, wie sie etwa in der Zeile »Piloten ist nichts verboten« zum Ausdruck kommt.

Frankenstein

(USA 1931, Regie James Whale)

Im Zeitalter der Gen-Manipulationen ist James Whales Grusel-Klassiker nach dem Roman von Mary Shelley wieder aktuell. Erzählt wird von dem deutschen Wissenschaftler Frankenstein (Colin Clive), der aus Leichenteilen einen neuen Menschen erschafft. Da er ihm versehentlich das Gehirn eines Verbrechers einsetzt, kommt es zum wilden Amoklauf des Monsters (Boris Karloff).

Aufgrund des zersplitterten Zensursystems in den USA wurden in einzelnen Staaten unterschiedliche Schnitte angeordnet. In New York, Massachusetts, Pennsylvania und Kansas zum Beispiel mußte die Szene entfernt werden, in der das Monster ein kleines Mädchen ertränkt. Außerdem mußten Frankensteins blasphemische Ausfälle wie »In Gottes Namen! Nun weiß ich, wie man sich als Gott fühlt!« geschnitten werden.

Eine Frau fürs Leben -> Das Leben kann so schön sein

FSK (Freiwillige Selbstkontrolle)

Das 1947 eingerichtete Gremium ist – im weitesten Sinne – eine der Zensurbehörden in der BRD. Sie ersetzte zunächst die alliierte Militärzensur und war ab 1952 tätig, um die Einhaltung des Jugendschutzgesetzes auf dem Gebiet des Kinofilms zu gewährleisten. So notwendig eine solche Behörde – besonders zur Bekämpfung faschistischen Gedankenguts – im allgemeinen auch war, so sehr wurde die FSK über die Jahrzehnte ihres Bestehens auch wegen allzu tendenziöser Entscheidungen (die selten an die Öffentlichkeit kamen) kritisiert. Immer wieder behinderte sie Filme, die im demokratischen Sinne liberal waren, also eine pluralistische Gesellschaftsauffassung förderten.

Die FSK war weder, wie im Namen behauptet, freiwillig, noch war sie eine Selbstkontrolle. Freiwillig war sie nur in dem Sinn, daß sie nach einem freien Beschluß der gesamten Filmwirtschaft, vertreten durch ihre Spartenverbände, gegründet worden war. Es lag jedoch nicht in der freien Entscheidung der einzelnen Produzenten und Verleiher, ob sie ihre Filme einer Prüfung unterwerfen wollten oder nicht.

Gemäß ihrem Statut richtete sich die FSK vornehmlich gegen jene Filme, die geeignet waren, das sittliche oder religiöse Empfinden zu verletzen, entsittlichend oder verrohend zu wirken; antidemokratische (nationalsozialistische, bolschewistische u. ä.), militaristische, imperialistische, nationalistische oder rassenhetzerische Tendenzen zu fördern; die Beziehungen Deutschlands zu anderen Staaten zu gefährden oder das Ansehen Deutschlands herabzuwürdigen; die verfassungsmäßigen und rechtsstaatlichen Grundlagen des deutschen Volkes zu gefährden oder herabzuwürdigen; durch ausgesprochen propagandistische oder tendenziöse Beleuchtung geschichtliche Tatsachen zu verfälschen.

»In Kenntnis der Spruchpraxis der FSK nahmen der Verleih und in dessen Auftrag die Synchronfirma von

vornherein Veränderungen an Originalfilmen vor – und
zwar nicht nur Dialogänderungen, sondern auch Bildschnitte –, um die FSK-Hürde zu nehmen. Dabei kam es
zu teilweise maßlosen Verfälschungen (bzw. Eliminierun-
gen) einzelner oder mehrerer Sequenzen oder Figuren
oder gar zur kompletten Veränderung der Originalhand-
lung mittels eines neuen deutschen Dialogs«, stellte der
Publizist Thomas Bräutigam vor kurzem rückblickend
fest.

Vielfach wurde in der Öffentlichkeit Kritik an der
Spruchpraxis der FSK laut. So schrieb Heinz Ungureit bereits 1963 in der Zeitschrift »Filmkritik«: »Die wiesbade-
ner Selbstkontrolle gleicht in Fällen der Ablehnung einem
verschworenen Geheimbund. Daß die Öffentlichkeit ein
Interesse an der Begründung für die Nichtfreigabe eines
Films haben kann, ist in der Satzung nicht berücksichtigt
und wird in der Praxis rigoros negiert.«

Fünf Gräber bis Kairo

(Five Graves to Cairo, USA 1943, Regie Billy Wilder)

In dem Anti-Kriegsfilm um den deutschen Feldmarschall
Rommel (Erich v. Stroheim) gibt es ein Gespräch zwischen den deutschen und italienischen Generälen. Für die
Ausstrahlung im Fernsehen der DDR mußte dieses Gespräch herausgeschnitten werden. Daß beide Seiten sich
gut verstanden, sollte – warum auch immer – nicht zum
Ausdruck kommen. Dabei hatte Regisseur Billy Wilder
selbst auf eine realistische Darstellung der Umstände Wert
gelegt: »Wenn man damals einen Kriegsfilm drehte, war

man zwar ein Nazi-Hasser, aber kein Deutschen-Hasser. Und ich wollte in dem Film nicht unterschlagen, daß sich die deutschen Offiziere in Afrika damals noch als Offiziere und nicht als Nazis aufgeführt haben.«

Gefangen

(Caught, USA 1948/49, Regie Max Ophüls)

Der fotografisch und schauspielerisch exzellente Film der »Schwarzen Serie« Hollywoods leidet unter einem schwachen Plot. Eine junge Frau (Barbara Bel Geddes) heiratet einen Millionär (Robert Ryan), in dessen abgeschirmter Welt sie sich wie gefangen vorkommt. Sie bricht aus, wird Arzthelferin und verliebt sich in ihren attraktiven Chef (James Mason). Schließlich verläßt sie nach einer Auseinandersetzung ihren Mann, von dem sie ein Kind erwartet, um mit dem Arzt ein neues Leben zu beginnen. – Nach der Verleihfassung muß der Zuschauer annehmen, daß Robert Ryan stirbt. Er bricht mit einem Herzanfall zusammen, und Barbara Bel Geddes bringt nicht die Kraft auf, ihm zu helfen. Nachdem der Bewußtlose abgeholt wurde, entscheidet sich die Schwangere für ein Leben mit James Mason. Auf Intervention der -> *Legion of Decency,* einer einflußreichen katholischen Zensurbehörde, mußten jedoch zwei Szenen herausgeschnitten werden. In einer hört man die ärztliche Diagnose mit der Feststellung, daß der Patient in Ordnung sei, und in einer anderen wird eben dies von jenem Arzt, der auch der Nebenbuhler ist, bestätigt. Offenbar galt es für eine verheiratete Frau nicht als opportun, den Mann zu verlassen, von dem sie ein

Kind erwartet. Nur nach seinem Tod war das denkbar. – Eine wichtige Nebenfigur ist der Sekretär des Millionärs, der Emigrant Franzi (Curt Bois), in dem sich Regisseur Max Ophüls selbst porträtierte. Auch er löst sich am Ende aus der Abhängigkeit seines Herrn und verläßt ihn. Warum diese Szene in den bekannten Kopien geschnitten wurde, bleibt ein Geheimnis.

Glanz des Hauses Amberson

(The Magnificent Ambersons, USA 1942, Regie Orson Welles)

Orson Welles erzählte in seinem zweiten Film die Geschichte zweier Paare an der Nahtstelle zweier Epochen – dem Übergang vom aristokratischen zum bürgerlich-industriellen Amerika. Dieses Epos von Glanz und Verfall, eine manchmal etwas kolportagehafte Geschichte, hatte starke sozialkritische Akzente und schilderte anhand einer bürgerlichen Familie zügelloses Besitz- und Machtstreben.

Für Orson Welles begann mit diesem Film eine lange Reihe von Projekten, die er nicht in der von ihm gewünschten Form auf die Leinwand bringen konnte. Der Produzent – in diesem Falle die *RKO* – führte in den USA üblicherweise Probevorführungen durch. Bei einer solchen reagierten viele Zuschauer auf den neuen Welles-Film ablehnend, was die Studioleitung veranlaßte, ohne die Mitarbeit des Regisseurs eine neue Fassung herzustellen.

Die neue Fassung war, gegenüber dem Original, um etwa ein Drittel gekürzt. Damit wurden bestimmte Entwicklungslinien sowie das Tempo der Erzählung zerstört. Welles hatte ein Ineinandergreifen von persönlichen Schicksalen und gesellschaftspolitischen Prozessen im Auge gehabt – eine Intention, die nun verwässert worden war. Das Studio ließ auch einen neuen, versöhnlichen Schluß drehen.

Orson Welles wurde an diesen Änderungen nicht beteiligt. Das herausgeschnittene Filmmaterial vernichtete man, so daß nicht einmal eine nachträgliche Rekonstruktion des ursprünglichen Films möglich war.

Die Gräfin von Monte Christo -> **Persien**

Grüne Hochzeit
(DDR 1989, Regie Herrmann Zschoche)

Der in einem heiteren Grundton gehaltene Film thematisiert die Probleme einer Ehe unter sehr jungen Leuten. Kurz vor dem offiziellen Kinostart lief der Film beim Pfingsttreffen der FDJ. Von DDR-Funktionären wird besonders ein Satz kritisiert: »Polizisten sind wie Schnittlauch, außen grün und innen hohl.« Nach Interventionen ordnete die -> *Hauptverwaltung Film* an, daß dieser Satz aus allen Kopien zu entfernen sei. Man habe ohnehin Schwierigkeiten, Nachwuchs für die Volkspolizei zu finden.

Hauptverwaltung Film

Dieses Amt wurde unter dem Dach des Ministeriums für Kultur der DDR eingerichtet. Der Leiter der *HV Film* war gleichzeitig stellvertretender Kulturminister. Die *HV Film* regelte alle Belange, die mit der staatlichen Filmproduktion und mit den Verleihbetrieben in Zusammenhang standen. Dazu gehörte auch die staatliche Zulassung, ohne die in der DDR kein Film öffentlich vorgeführt werden durfte. Die *Hauptverwaltung Film* nahm Zensurfunktionen wahr, die allerdings in der Öffentlichkeit nicht so bezeichnet werden durften, da das Vorhandensein einer Zensur in der DDR stets bestritten wurde.

Der Herr vom andern Stern

(BRD 1948, Regie Heinz Hilpert)

Die phantastische Komödie gilt bei Kennern als einer der besten Filme von Heinz Rühmann, ist jedoch weitgehend unbekannt geblieben. Seinen Reiz gewinnt der Film, den der Star in eigener Produktion drehte, durch das Spiel mit dem hergebrachten Rollenbild Rühmanns als stets angepaßter kleiner Mann. Hier wird es genutzt und konterkariert. Rühmann spielt ein Wesen aus dem Weltall, das aufgrund momentaner Energieprobleme auf seiner Reise durch das All auf der Erde Zwischenstation macht und das Erscheinungsbild eines Durchschnittsmenschen annimmt. In dieser Situation verliebt er sich in eine junge Frau (Anneliese Römer) und beschließt, auf der Erde zu bleiben und sich den Gepflogenheiten des Phantasiestaates, in dem er gelandet ist und der sehr an Deutschland erinnert, anzupassen. Wenn er zunächst auch verdächtig erscheint, werben doch bald verschiedene Gruppen um ihn: Zeitungs- und Rundfunkleute, Parteien und Kriminelle. Er jedoch führt ihre Ziele allesamt ad absurdum. Als ein General (Otto Wernicke) ihm von der »Humanisierung des Krieges« mit Hilfe einer (damals noch nicht erfundenen) Neutronenbombe vorschwärmt, zieht es der Außerirdische vor, seiner Liebe zu entsagen und wieder ins All zu entschweben. Alle die, die ihn bis dato belauert und verleumdet hatten, setzen ihm jetzt ein Denkmal und loben seine Angepaßtheit.

Diese letzte Szene, die der Aussage eine besondere Schärfe verleiht, wurde bei den seltenen Fernsehausstrahlungen in den neunziger Jahren geschnitten.

Im Westen nichts Neues

(All Quiet on the Western Front, USA 1929/30, Regie Lewis Milestone)

Der amerikanische Film der *Universal* entstand nach einem Bestseller des deutschen Autors Erich Maria Remarque. Er schildert das Schicksal junger Leute im Ersten Weltkrieg – stellvertretend für diese Generation steht Paul Bäumer (Lew Ayres) –, die als Freiwillige begeistert in den Krieg ziehen. Dort aber, angesichts tausendfachen Sterbens, werden sie ihre großen Illusionen verlieren.

Dieser Film wurde sowohl in den USA als auch im Deutschland des heraufziehenden Faschismus aus jeweils verschiedenen Gründen attackiert. In Amerika empörte man sich über eine Sequenz, in der junge Männer nackt baden und Purzelbäume schlagen, das wurde als ungebührlich empfunden. In einer anderen zu schneidenden Szene machte sich ein Rekrut bei einem Bombenangriff in die Hose, und sein Vorgesetzter forderte ihn auf, die Hose zu wechseln. In dieser, um besagte Stellen reduzierten Fassung wurde der Film in den USA ein großer Erfolg und erhielt 1929/30 vier Oscar-Nominierungen. Schließlich bekam er die begehrte Trophäe als bester Film und für die beste Regie.

Deutschnationale Kreise, die bereits den Roman bekämpft hatten, versuchten im Verein mit Militärs und den schon erstarkenden Faschisten eine Aufführung des Films zu verhindern. So protestierte das Reichswehrministerium gegen den Film, denn am Sinn ihres Einsatzes zweifelnde deutsche Soldaten sollten nicht gezeigt werden. Die Nationalsozialisten machten Front gegen Ullstein, den jüdischen Verleger des Romans, sowie gegen den jüdischen, deutschstämmigen Filmproduzenten Carl Laemmle. Tatsächlich wurden zur Berliner Erstaufführung Namen jüdischer Mitwirkender aus dem Vorspann getilgt. Insgesamt wurde der Film in Deutschland von 139 auf 85 Minuten gekürzt. Unter anderem fiel eine Szene zum Opfer, in der die Rekruten ihren Ausbilder, den Kasernenhofschinder Himmelstoß (John Wray), verprügeln. Auch eine Szene, in der Paul Bäumer die Ehrenbezeugung verweigert, wurde geschnitten.

Trotzdem organisierte der nationalsozialistische Berliner Gauleiter Goebbels (ab 1933 Propagandaminister) bei den Aufführungen Tumulte. Johlen, Pfeifen, Schmährufe, Schlagstöcke, Stinkbomben und das Aussetzen von weißen Mäusen im Publikum kennzeichneten die Zwischenfälle, die letztlich dazu führten, daß der pazifistische Streifen wieder abgesetzt wurde und die Zensur erneut die Zulassung prüfte. Schließlich hob man die Zulassung »wegen Gefährdung des deutschen Ansehens in der Welt« auf. Der Film habe eine »ungehemmte pazifistische Tendenz«, hieß es im Protokoll der → *Filmoberprüfstelle*, und »wenn eine derartige Darstellung auf die Menschen treffe, könne bei der heutigen seelischen Not nicht ausbleiben, daß Explosionen entstünden«.

Das Verbot zog eine Protestwelle progressiver Kriegsgegner nach sich, die maßgeblich von dem Publizisten und späteren Friedensnobelpreisträger Carl v. Ossietzky befördert wurde. Namhafte linke und liberale Künstler wie Carl Zuckmayer, Heinrich Mann, Herbert Ihering und Käthe Kollwitz setzten sich für den Film ein. Tatsächlich konnte der Film erneut gezeigt werden, wenn auch anfangs nur in geschlossenen Veranstaltungen. Die *Universal*, die ein geschäftliches Interesse an der Aufführung des Films hatte, wurde zu einem Zugeständnis genötigt. Auch im Ausland sollte fortan nur die in Deutschland gekürzte Fassung laufen.

Der Film wurde später noch mehrfach verändert, auch in den USA. Hier kam 1950 im Zeichen des Korea-Krieges eine Fassung in die Kinos, in der die requiem-artige Schlußmusik durch rhythmischen Swing ersetzt wurde, als sei es eben doch eine Erfüllung, für das Vaterland zu sterben.

Erst 1984 gelang es der Spielfilm-Redaktion des ZDF, den Film zu rekonstruieren und erstmals eine vollständige, neu synchronisierte deutsche Fassung vorzulegen.

Im Zeichen des Kreuzes

(The Sign of the Cross, USA 1932, Regie Cecil B. de Mille)

Der Altmeister des amerikanischen Monumentalfilms, Cecil B. de Mille, inszenierte das Historienepos über das alte Rom zur Zeit des Kaisers Nero (Charles Laughton). Darin wird ein römischer Präfekt (Frederic March) angesichts der Christenverfolgungen zum christlichen Glauben bekehrt; Massenszenen mit viertausend Statisten, hunderte Zootiere sowie allerlei skurril wirkende menschliche »Freaks« wurden aufgeboten, um der Geschichte um Liebe und Gewalt, Sünde und Sensation Leben einzuhauchen.

Selbstverständlich gab es Szenen, an denen die Zensur, die katholische -> *Legion of Decency* und der -> *Production Code*, Anstoß nahmen. So badet Claudette Colbert als Poppea in einer Wanne voller Eselsmilch, und »ihre Brüste tauchen im Schaum auf wie zwei Kugeln Vanilleeis«, wie eine zeitgenössische Beschreibung formulierte. Diese Szene mußte ebenso entfernt werden wie die, in der eine nackte Sklavin in der Arena an einen Pfahl gefesselt wird und ein Gorilla sich über sie hermacht.

Proteste kirchlicher Kreise gegen den allzu sinnenfreudigen Umgang mit der christlichen Geschichte rissen jedoch nicht ab, so daß der Streifen nach relativ kurzer Laufzeit aus den Kinos verschwand. Im Jahr 1944 wurde er erneut gestartet, aber der *Production Code* bestand darauf, daß ein Prolog vorangestellt wurde, in dem der historische Gehalt gegenüber der erotischen Komponente des Films hervorgehoben wurde.

Insel der Schwäne

(DDR 1982/83, Regie Herrmann Zschoche)

Der Jugendfilm über das Lebensgefühl in Satellitenstädten wurde als Angriff auf das Wohnungsbauprogramm der DDR verstanden. Auch die angedeutete Verständnislosigkeit der Generationen rief die Kritiker auf den Plan. So mußte der Film mehrfach geändert werden, ehe er in einer »gereinigten« Fassung vor das Publikum kam.

Eine Szene mußte geschnitten werden, weil aus ihr hervorging, daß die Großeltern, bei denen Windjacke (Sven Martinek) aufwächst, alte Kommunisten sind. Auch der Schluß, bei dem Stefan (Axel Bunke) seinen Widersacher Windjacke im Fahrstuhlschacht hängen läßt, durfte so nicht gezeigt werden. Stefan rettet Windjacke in der neuen Version. Erst mit der politischen Wende in der DDR konnte Zschoche den alten Schluß wiederherstellen. Bezeichnenderweise war der Film vor 1989 im DDR-Fernsehen nicht gesendet worden.

Interministerieller Filmprüfungssausschuß

(später Interministerieller Ausschuß für Ost-West-Filmfragen)

Von 1954 bis 1967 wurden von diesem Gremium der Bundesrepublik Filme des ideologischen Gegners mit Ost-West-Problematik hinsichtlich einer möglichen Aufführung in der BRD überprüft. Nach Angriffen auf einige Entscheidungen durch die liberale Presse, beispielsweise durch die Wochenzeitschrift »Die Zeit«, wurde die Arbeit des Ausschusses weitgehend geheimgehalten.

Die Jungfrauenquelle

(Jungfrukällan, Schweden 1959, Regie Ingmar Bergman)

Auf Grundlage einer alten schwedischen Legende wird die Geschichte eines Mädchens (Birgitta Valberg) erzählt, das auf dem Weg zur Kirche von grobschlächtigen Hirten überfallen, vergewaltigt und getötet wird. Ihr Vater (Max von Sydow) nimmt grausame Rache. Als Hinweis auf die Existenz Gottes entspringt am Ort der Schändung eine Quelle.

Wegen seiner realistischen Gewalt-Darstellung war der Film in vielen Ländern umstritten. Besonderen Anstoß nahm man an der 90 Sekunden langen Vergewaltigungsszene, die jedoch wegen ihrer handlungstragenden Bedeutung nur schwer geschnitten werden konnte. In New York und Texas etwa wurden zwei kurze Einstellungen, in denen die Vergewaltigung besonders scharf ins Bild gerückt ist, aus dieser Szene entfernt. In der einen liegt ein Hirte in Beischlafstellung über dem Opfer; in der anderen zieht ein zweiter Hirte an den nackten Beinen des Mädchens.

Kora Terry

(Deutsches Reich 1940, Regie Georg Jacoby)

In dem Revuefilm um zwei ungleiche Schwestern (Marika Rökk in einer Doppelrolle) wird eine der beiden in eine Spionageaffäre verwickelt. Bei der Ausstrahlung im DDR-Fernsehen sollte dieses Motiv verschleiert werden. So mußten Formulierungen wie »Wenn man mich schon zur Spionin stempelt« und »gewissenlose ausländische Agenten« eliminiert werden. Bei starken Sprüngen in den Dialogen glaubte das Publikum, diese seien auf das Alter des Filmmaterials zurückzuführen.

Küß mich — Dummkopf
(Kiss Me, Stupid, USA 1964, Regie Billy Wilder)

Als zwei erfolglose Songschreiber einem bekannten Entertainer (Dean Martin) begegnen, geben sie eine Prostituierte (Kim Novak) als Ehefrau des einen aus und arrangieren ein Schäferstündchen der Schönen mit dem Star, um durch die Bekanntschaft mit diesem an die einflußreichen Leute zu kommen.

Die ebenso witzige wie zynische Komödie um doppelten Ehebruch fand das Mißfallen der –› *Legion of Decency* und mußte an verschiedenen Stellen gekürzt und verändert werden. So hatte Billy Wilder 30 Sekunden herauszuschneiden, in der sich Dean Martin über Kim Novak beugt, und mußte eine Szene nachdrehen, in der Dean Martin, bevor es zur Verführung kommen kann, einschläft.

Trotzdem stieß der Film bei erzkonservativen Kreisen auf Widerspruch. Der Geistliche Thomas F. Little äußerte: »Grobe Dialoge voller Anspielungen, eine nach Lüsternheit schielende Behandlung der ehelichen und außerehelichen Sexualität und eine Neigung zu wollüstigem Sinneskitzel bewirken des Films üble Neigung zur Unmoral.«

Auf dem Filmfestival von Venedig erhielt der Film einen »Goldenen Löwen«.

Kuhle Wampe oder Wem gehört die Welt?

(Deutsches Reich 1932, Regie Slatan Dudow)

Der Film war eines der wenigen Werke in der Weimarer Republik, in dem Proletarier im Mittelpunkt der Handlung standen, und der einzige Film, der die politischen Zeitumstände aus konsequent sozialistischer Sicht kritisierte. Die Autoren waren Ernst Ottwalt und Bertolt Brecht, und besonders letzterer versuchte mit dem Drehbuch, seine Theatertheorien experimentell für die Kamera umzusetzen. So agierten neben den prominenten Hauptdarstellern Hertha Thiele und Ernst Busch vor allem Laien, die teilweise ihre eigene Situation darzustellen hatten. Der Film erzählt von der Berliner Proletarierfamilie Bönicke, die in der Zeit der großen Arbeitslosigkeit die Miete nicht mehr bezahlen kann. Als der Hauswirt ihnen kündigt, ziehen die Bönickes in die Zeltkolonie »Kuhle Wampe« an den Müggelsee, wo Fritz (Ernst Busch) wohnt, der Freund von Bönickes Tochter Anni (Hertha Thiele). Als Anni von Fritz schwanger wird, kommt es zu Zerwürfnissen, die schließlich besserer Einsicht weichen. Am Ende steht die Erkenntnis, daß die Welt durch die geändert werden wird, denen sie nicht gefällt.

Der Film war den Konservativen in der Weimarer Republik ein Dorn im Auge. Die Kammer der → *Filmoberprüfstelle*, deren Zusammensetzung vom Reichsinnenministerium bestimmt wurde, sah in der Selbsthilfe zur Änderung der Welt durch die, denen sie nicht gefällt, einen Aufruf zum Umsturz und erließ ein Verbot des Films. Autor Ernst Ottwalt kommentierte: »Man räumt den Dreck nicht weg, sondern verbietet, daß er fotografiert wird.«

Schließlich nahm der Verleih einige Kürzungen vor, um den Film doch noch durch die Zensur zu bringen. Trotzdem verlangte die Prüfstelle weitere Änderungen. Zum Beispiel fiel folgender Satz der Schere zum Opfer: »Vielleicht siehst du dir auch mal die neue Notverordnung über den Abbau der Arbeitslosenunterstützung an – dreißig Mark weniger im Monat.« Jegliche Anspielungen auf Annis geplante Abtreibung mußten getilgt werden – sogar ein vorbeifahrendes Auto mit einer Reklame für das Verhütungsmittel »Fromm's Act« erregte bei der Kommission Anstoß.

In einer der Szenen sieht man die Bewohner von »Kuhle Wampe«, wie sie sonntags nackt Sport treiben und gemeinsam baden. Besonders störte die Kommission, daß am anderen Seeufer eine Kirchenglocke leise läutete. Die aufmüpfigen jungen Leute würden es also ablehnen, sonntags die Kirche zu besuchen, und statt dessen unzüchtigen Spielen nachgehen. Alle Nacktbadeszenen mußten geschnitten werden und sind wie das weitere Schnittmaterial heute verschollen.

In der Fernseh-Dokumentation »Ein Feigenblatt für Kuhle Wampe« (DDR, 1973, Regie Christa Mühl und Werner Hecht) wurde der Zensurgeschichte des Films nachgegangen; die verschollenen Szenen wurden in der Natur nachgestellt.

Land der Liebe → **Persien**

Laut und leise ist die Liebe

(DDR 1972, Regie Helmut Dziuba)

Nachdem SED-Generalsekretär Erich Honecker auf dem VIII. Parteitag erklärte, in der Kunst der DDR dürfe es keine Tabus geben, konzipierte man diesen Film um, und es entstand eine sehr kritische Momentaufnahme der gesellschaftlichen Wirklichkeit in der DDR. Wie nun zu sehen war, wurden Grundsätze sozialistischer Moral immer wieder »von oben sanktioniert« gebrochen, der »sozialistische Wettbewerb« wurde unehrlich geführt – und alle wußten das. Dieser Film kritisierte Schönfärberei und stellte eine Heldin in den Mittelpunkt, die Zweifel an der sozialistischen Leitungstätigkeit äußert. Als der fertiggestellte Film zur Abnahme kam, hatte sich der politische Wind gedreht, und allzu große Offenheit war nicht mehr gefragt. Das ursprüngliche Szenarium von Wolfgang Ebeling war nicht zu retten. So mußte der Film völlig umgearbeitet werden. Der Autor Heinz Kahlau schrieb zu den Bildern des fertigen Films eine in großen Teilen neue Geschichte, die mit Hilfe von Nachsynchronisationen und durch Unterlegung von Gedankenstimmen zu den einzelnen Szenen fabriziert wurde. Während sich die Heldin Helga Baumann (Margot Busse) in der ersten Fassung in einen neuen Mann verliebte, traf sie in der zweiten ihren geschiedenen Mann Fred (Werner Tietze) wieder und erneuerte das Verhältnis. In der neuen Fassung wurde aus einem Arbeitskollegen nun Helgas Schwiegervater (Hermann Wagemann). Aus der Auseinandersetzung mit gesellschaftlichen Fehlentwicklungen wurde eine Ehegeschichte über kleinbürgerliche Ansichten im Verhältnis der Geschlechter.

Weil sich die Hauptdarstellerin weigerte, an der Verfäl-
schung des ursprünglichen Films mitzuwirken, wurde sie
von einer anderen Schauspielerin nachsynchronisiert. Natürlich blieb das nicht unbemerkt. Die Kritikerin Renate
Holland-Moritz schrieb in der Zeitschrift »Eulenspiegel«:
»Mich plagt die Neugier. Ich wüßte für mein Leben gern,
was Irma Münch, Margot Busse und Werner Tietze in den
ersten Szenen des DEFA-Films ›Laut und leise ist die
Liebe‹ miteinander reden. Das, was man zu hören bekommt, haben sie zur Zeit der Filmaufnahmen nicht gesagt. Der Text wurde nachsynchronisiert und ist, wie die
völlig asynchronen Lippenbewegungen beweisen, nicht
mit dem ursprünglichen Dialog identisch. Auch Mimik
und Gestik deuten auf ein anderes Konzept hin. Auf wel-
ches nur?«

Das Leben kann so schön sein / Ultimo / Eine Frau fürs Leben
(Deutsches Reich 1938, Rolf Hansen)

Dieser Film stand in der Tradition der in der Weimarer Republik gedrehten sozialkritischen Milieufilme. Er war in einer kleinbürgerlichen Lebenswelt angesiedelt und erzählte
von finanziellen Sorgen, von Wohnungsnot und Alltags-
streit eines jungen Versicherungsagenten und seiner
schwangeren Frau (Rudi Godden, Ilse Werner). Wegen seiner tristen, wenig optimistischen Atmosphäre fiel der Film
bei der Nazi-Administration in Ungnade. (Hitler soll bei
einer Vorführung einen Wutanfall bekommen haben.) So
machte der Streifen, der nach dem Bühnenstück »Ultimo«

von Jochen Huth entstanden war, mehrere Metamorphosen durch. Der ursprüngliche Titel »Das Leben könnte so schön sein« wurde zunächst in »Ultimo«, zwischenzeitlich auch in »Glück auf Raten« geändert. Unter dem Titel »Das Leben kann so schön sein« lief der Film im Dezember 1938 einige Tage in Wien, bevor er endgültig verboten wurde.

Insgesamt war der Film um etwa ein Viertel seiner ursprünglichen Länge gekürzt worden, um ihn zu seiner Entstehungszeit doch noch durch die Zensur zu bringen. So fehlte jetzt eine Sequenz in einem Berliner Neubauviertel, wo man gern ein Einfamilienhaus gemietet hätte. Ursprünglich machte der junge Hannes hier eine Anspielung auf die von der nationalsozialistischen Regierung eingeführten Ehestandsdarlehen: »Ehestandsdarlehen – ja glaubst du denn, ich will unsere Ehe gleich von vornherein mit Schulden und mit Abzahlungen anfangen!?« Auch dieser Satz wurde herausgeschnitten.

Das stark gekürzte Fragment kam 1950 als »Eine Frau fürs Leben« in bundesdeutsche Kinos und als »Das Leben kann so schön sein« 1962 in der DDR heraus. Erst 1990 wurde eine im Staatlichen Filmarchiv der DDR restaurierte Kopie vorgestellt, die um einige bislang fehlende Szenen (etwa das junge Paar in einem Möbelladen) erweitert worden war. Auch die Hausbesichtigung im Neubauviertel konnte wiedergefunden werden.

Legion of Decency

Die katholische Zensurbehörde ohne Weisungsbefugnisse wurde 1934 von einem Komitee US-amerikanischer Bischöfe eingesetzt. Sie erarbeitete verschiedene Kriterien, nach denen Filme in Kategorien von »unbedenklich« bis »äußerst verwerflich« eingestuft wurden. Die moralische Wertung der handelnden Personen gehörte ebenso zu den Kriterien wie die Tatsache, daß Darsteller nackt oder nur spärlich bekeidet vor der Kamera stehen. Die Beurteilungen der »Legion« hatten großen Einfluß auf die zahlreichen Kirchgänger in den USA, so daß die Produktionsfirmen sich von vornherein bemühten, durch keinerlei Anstößigkeiten einen Boykott heraufzubeschwören. Bis zu ihrer Umwandlung 1966, die mit einer Liberalisierung der Rechtsprechung in bezug auf Obszönität einherging, verhinderte die »Legion« auch die Aufführung zahlreicher ausländischer Filmkunstwerke, zum Beispiel solcher von Ingmar Bergman oder Roman Polanski.

Lola Montez
(Lola Montes, BRD/Frankreich 1955, Regie Max Ophüls)

Der Film um die berühmt-berüchtigte Tänzerin Lola Montez war das letzte Meisterwerk des Regisseurs Max Ophüls. Er erzählt die Geschichte der leichtlebigen Lola Montez und die ihrer Abenteuer mit Künstlern und Monarchen als Rückblende in einer Rahmenhandlung. Die Montez wird im New Orleans des 19. Jahrhunderts in einer Zirkusarena zur Schau gestellt und erinnert sich an frühere Zeiten. Ophüls griff auch das Publikum in seiner Sensationsgier an; mit der Besetzung der Hauptrolle durch Martine Carol, einem Sex-Idol der fünfziger Jahre, führte er die Zuschauer an der Nase herum, die ihren Star mit einem so anspruchsvollen Film nicht recht vereinbaren konnten. So wurde der Film ein finanzieller Mißerfolg. Ohne Zustimmung des Regisseurs brachte der Produzent nach zwei Jahren eine um zwanzig Minuten gekürzte Fassung ins Kino, der die Rahmenhandlung fehlte und in der die Szenen entgegen den künstlerischen Absichten zu einer Chronologie zusammengeschnitten waren.

Lucrezia Borgia

(Lucrèce Borgia, Frankreich 1935, Regie Abel Gance)

Die Geschichte des Renaissance-Papstes Alexander VI. und seiner Kinder Lucrezia und Cesare bot Filmemachern immer wieder Stoff für üppige Sittengemälde. Die erste Tonfilm-Version war bereits sechzehn Jahre alt, ehe sie 1951 nach Deutschland kam, mußte sich jedoch Schnittauflagen der → *FSK* unterziehen. So durfte das Erstechen der Geliebten des Cesare (Gabriel Gabrio) nicht gezeigt werden. Auch mußte eine Szene für das prüde bundesdeutsche Publikum entfernt werden, in der Lucrezia (Edwige Feuillère) soeben nackt der Badewanne entsteigt.

Die Macht der Hypnose → Saturn-Film

1. Bruce Willis in »Stirb langsam«

2. Annie Girardot und Alain Delon in »Rocco und seine Brüder«

3. E. T. in »E. T.«

4. Anita Ekberg und Marcello Mastroianni in »Das süße Leben«

5. Humphrey Bogart und Ingrid Bergman in »Casablanca«

6. Morten Grunwald, Ove Sprogöe und Poul Bundgaard in »Die Olsenbande«

7. Mark Lubosch, Jürgen Huth und Klausjürgen Steinmann (v.l.n.r.)
in »Grüne Hochzeit«

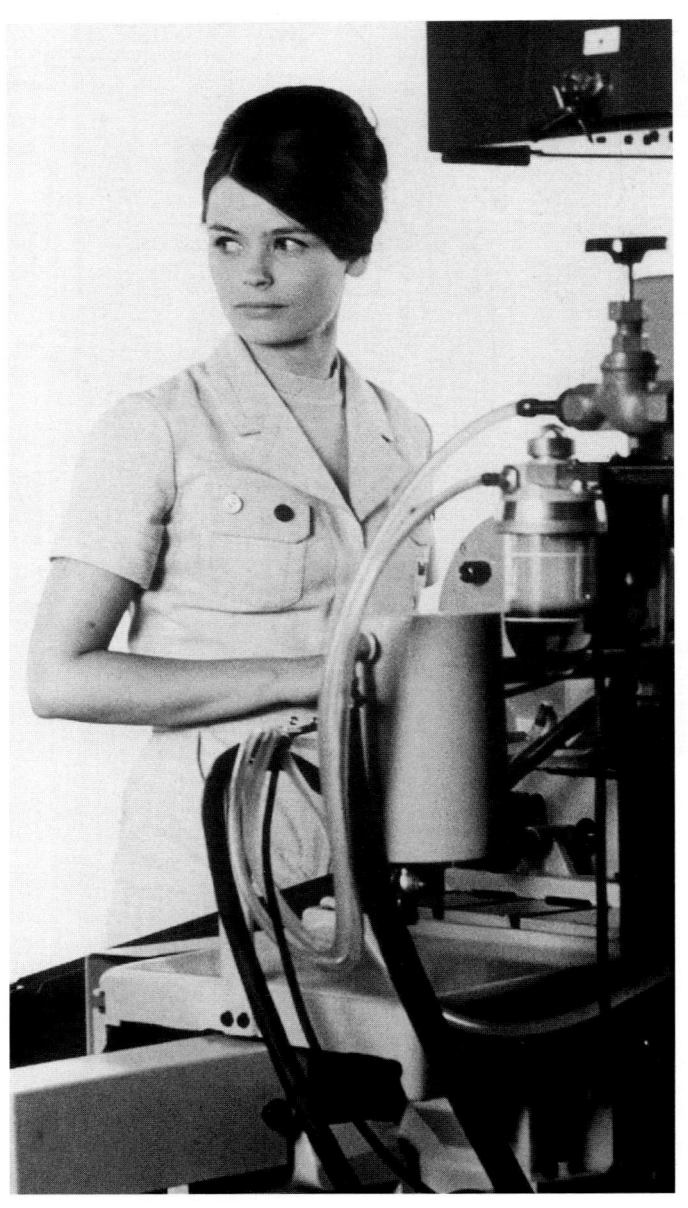

8. Margot Busse in »Laut und leise ist die Liebe«

9. Hans-Rüdiger Renn (Mitte) und Raimund Schelcher (rechts) in
»Der Richter von Zalamea«

10. Paul Esser (links) mit seinem Filmsohn in »Rotation«

11. Jaecki Schwarz in »Die Schlüssel«

12. Ursula Burg (links) und Gisela May (rechts) in »Die Schönste«

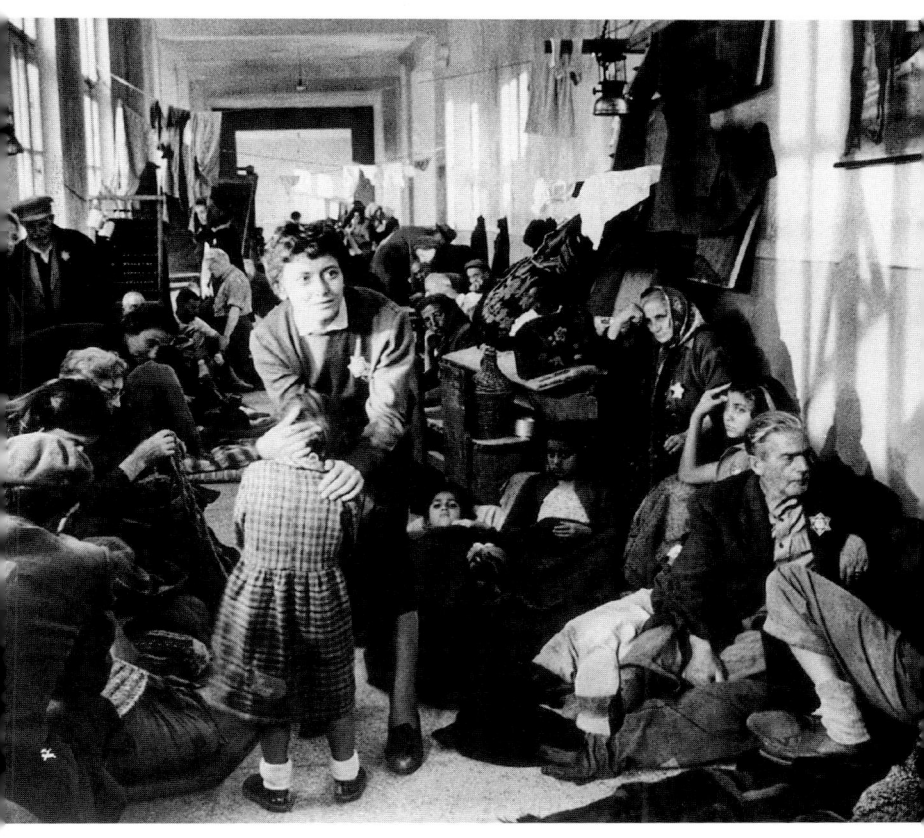

13. Sascha Kruscharska in »Sterne«

14. Gerry Wolff und Stephan Jahnke in »Wenn du groß bist, lieber Adam«

15. Aus dem Filmprogrammheft des VEB Progress Film-Verleih

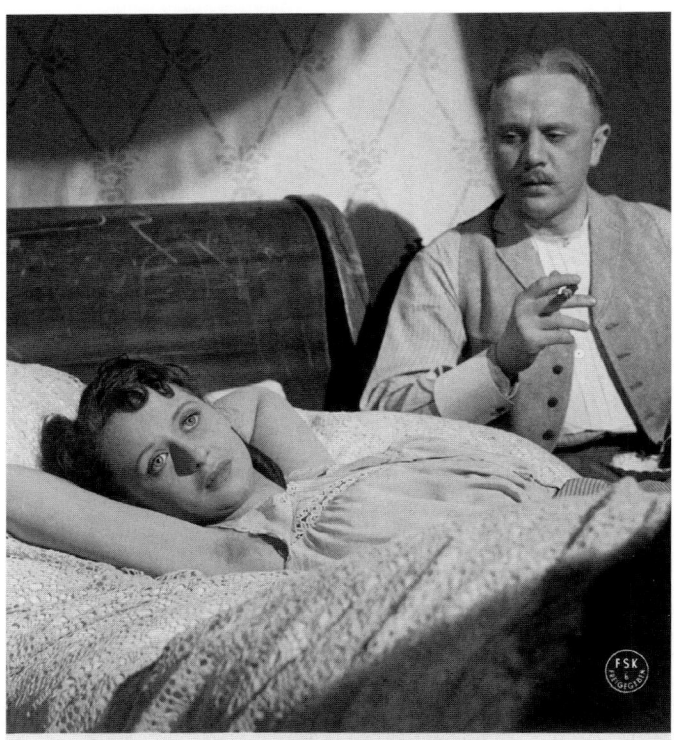

Der Untertan
Ein Film von Wolfgang Staudte
Nach dem Roman von Heinrich Mann

16. Schaukastenfoto zum Film »Der Untertan«; links: Sabine Thal-
bach, rechts: Werner Peters

Das Mädchen Rosemarie

(BRD 1958, Regie Rolf Thiele)

Der Film beruht auf dem authentischen Fall des Mordes an einer Edelprostituierten, zu deren Klienten Wirtschaftsbosse und Politiker zählten. Verboten wurde eine Szene, die sich gegen die Wiederbewaffnung der Bundesrepublik – ein damals vieldiskutiertes Thema – richtete. Zu einer Wochenschauaufnahme von musizierenden und marschierenden Bundeswehrsoldaten singen zwei Bänkelsänger (Wolfgang Müller & Wolfgang Neuss) den Refrain: »Wir haben den Kanal noch lange nicht voll«. Dies sei eine »Herabwürdigung der verfassungsmäßigen und rechtsstaatlichen Grundlagen des deutschen Volkes, da die Bundeswehr eine verfassungsmäßige rechtsstaatliche Einrichtung der Bundesrepublik ist und von dieser Kombination – Bundeswehr – Bilder – Schlagertext – eine herabsetzende Wirkung ausgeht« (–> *FSK*). Außerdem forderte man einen Textvorspann, der zum Ausdruck bringen sollte, daß es sich bei den geschilderten Mißständen und den kritisierten Leistungsträgern um Ausnahmen handle, die nicht symptomatisch für die bundesdeutsche Wirklichkeit seien.

Der Mann, dem man den Namen stahl

(Deutsches Reich/Deutschland 1945/96, Regie Wolfgang Staudte)

Ein Hochstapler (Hubert v. Meyerinck) benutzt die Identität (und die amtlichen Papiere) des Fridolin Biedermann (Axel v. Ambesser), so daß dieser gehindert ist, in den

Stand der Ehe einzutreten, weil er als bereits verheiratet gilt. Biedermann selbst macht sich auf, die Sache zu klären.

Diese Filmsatire, ein Frühwerk eines der wichtigsten deutschen Nachkriegsregisseure, konnte erst 51 Jahre nach Abschluß der Dreharbeiten uraufgeführt werden, weil sie so gründlich zerschnitten worden war. Von dem Film existierte bereits eine Rohschnittfassung, als verlangt wurde, die vielen Spitzen auf Behörden und Beamte wieder herauszunehmen. Doch bevor der Film geändert werden konnte, war das Kriegsende da. Das Material wurde an verschiedenen Orten gelagert und später im Staatlichen Filmarchiv der DDR zusammengeführt. Der Filmhistoriker Holger Theuerkauf unterzog sich in den neunziger Jahren der Arbeit, die zahllosen Schnipsel von Bild-, Ton-, Positiv- und Negativmaterial zu sichten und zusammenzustellen. Dabei stellte sich heraus, daß der Film beinahe vollständig war. Allerdings gab es für einige wenige Dialogsätze nur noch die Töne, aber nicht mehr die Bilder. Theuerkauf behalf sich, indem er in diesen kurzen Sequenzen Standbilder zeigte.

Wolfgang Staudte stellte übrigens 1948 für die DEFA ein Remake mit teilweise gleicher Besetzung unter dem Titel »Die seltsamen Abenteuer des Herrn Fridolin B.« her. Er übernahm von dem alten Material allerdings nur eine einzige, technisch aufwendige Szene, in der der Held ein Chanson singt.

Der Mann mit dem goldenen Arm

(The Man With the Golden Arm, USA 1955, Regie Otto Preminger)

Der sozialkritisch engagierte Film erregte viel Aufsehen. Er erzählt die Geschichte von Frankie (Frank Sinatra), der aus einem Armenviertel Chicagos stammt. Frankie findet einen Job als Croupier, kommt mit Drogen in Kontakt und wird heroinsüchtig. Nach einem Aufenthalt in der Entziehungsanstalt gerät er in sein altes Milieu und wird rückfällig. Durch die aufopferungsvolle Hingabe seiner Geliebten (Kim Novak) gelingt es ihm, die Sucht zu überwinden.

Filme zur Drogenproblematik, die die Sucht nicht als Veranlagung darstellten, sondern ihre Ursachen im sozialen Umfeld der Betroffenen suchten, waren damals ungewöhnlich. Der Film hatte in den USA lange mit der Zensur zu kämpfen und durfte in einigen Staaten nicht aufgeführt werden. In anderen wurde er gekürzt, beispielsweise um die zweiminütige Szene, in der Frankie sein Besteck für einen Schuß vorbereitet. Argumentiert wurde damit, daß die Darstellung der Methoden des Gebrauchs von Narkotika verboten sei.

Metropolis

(Deutsches Reich 1925 bis 1927, Regie Fritz Lang)

Der heute legendäre Klassiker ist in einer auf totalitären Herrschaftsprinzipien beruhenden Zukunftsstadt, einem Moloch, angesiedelt. Es kommt zu einem Sklavenaufstand, der in blinde Maschinenstürmerei mündet. Am

Ende werden die gesellschaftlichen Widersprüche nicht gelöst. In einem reaktionär-pathetischen Schluß versöhnen sich Arbeiterklasse und Oberschicht.

Der Film wurde ein Welterfolg, allerdings weniger wegen der von Langs damaliger Ehefrau Thea v. Harbou, einer Deutschnationalen, erfundenen obskuren Handlung. Vielmehr liegt die bahnbrechende Bedeutung des Films in Fritz Langs Inszenierung, in den eindrucksvollen Bauten von Otto Hunte, Erich Kettelhut und Karl Vollbrecht sowie in den von Eugen Schüfftan fotografierten und damals sensationellen Trickaufnahmen.

Die Herstellungszeit des Films betrug 17 Monate, darunter 310 Drehtage und 60 Nächte. Die ursprüngliche Kalkulation belief sich auf 1,5 Millionen Reichsmark, letztlich kostete der Film jedoch sechs Millionen und brachte die Produktionsfirma *Ufa* (Universum Film AG) an den Rand des Ruins. Bei seiner Premiere war der Film noch 4189 Meter lang. Für den amerikanischen Markt, an den die *Ufa* durch ihre Zusammenarbeit mit der *Paramount* gebunden war, entstand eine auf 3241 Meter gekürzte Fassung. Dabei entfielen Szenen und Szenenkomplexe, man stellte Teile der Handlung um, und ganze Handlungsstränge fielen unter den Tisch. Später kursierten auch anders geschnittene Fassungen im Ausland. Als die in den sechziger Jahren bekannte längste Fassung nur noch 2535 Meter betrug, aber in verschiedenen Ländern völlig unterschiedliche Versionen von »Metropolis« in den Archiven lagerten, wurden deutsche Archive in Ostberlin und München von der FIAF, der internationalen Filmarchiv-Vereinigung, beauftragt, eine Maximalkopie anzufertigen. An dieser Arbeit nahm auch Regisseur Fritz Lang beratend teil. Im Ergebnis entstand eine knapp 3 000 Meter lange Fassung des Films, die immer noch kürzer als die 1927 angefertigte amerikanische war. Als sich in den folgenden Jahren in verschiedenen Archiven weitere Szenen des Films anfanden, erarbeiteten die Friedrich-Wilhelm-Murnau-Stiftung und der deutsch-französische Sender *arte* eine weitere Fassung, die im Jahre 2001 uraufgeführt wurde. Sie kommt der Premierenkopie schon nahe – wenngleich sie notgedrungen auch nicht mit ihr identisch sein kann.

Die Miserablen → Die Elenden

Eine moderne Ehe → Saturn-Film

Mord
(Foreign Correspondent, USA 1940, Regie Alfred Hitchcock)

Ein amerikanischer, politisch naiver Sensationsreporter (Joel McCrea) wird 1939 in Europa in gefährliche Abenteuer um einen deutschen Spionagering verstrickt, wobei sein politisches Bewußtsein erwacht. In einer flammenden Rundfunkansprache fordert er schließlich die Amerikaner zur Wachsamkeit und Aufgabe ihrer Neutralitätspolitik auf.

Bei der bundesdeutschen Erstaufführung 1961 fehlte diese Rede, wie auch die Charakterisierung der Nazis sehr verwässert wurde. Erst in einer ZDF-Fassung von 1986 wurden die politischen Bezüge korrekt wiedergegeben.

MPAA (Motion Picture Association of America)

Der lose Zusammenschluß der großen Hollywood-Produzenten entstand 1922 unter dem Namen *Motion Pictures Producers and Distributers of America (MPPDA)*. Mit dieser Gesellschaft sollte die Politik der Studios und der Filmindustrie im allgemeinen koordiniert und in der Öffentlichkeit repräsentiert werden. Sowohl das Vorgehen gegen Skandale (besonders im Privatleben der Stars) als auch die gemeinsame Vertretung in Zensurfragen gehörten zu den wichtigsten Aufgaben der *MPPDA*. Gemeinsam wurde unter Leitung von Will Hays der –> *Production Code* entwickelt, dessen Überwachung ein Büro innerhalb der *MPPDA* übernahm. Mitte der vierziger Jahre änderte die Gesellschaft ihren Namen in *MPAA*. Die *MPPDA* bzw. die *MPAA* installierten Gremien, die bereits in der Vorbereitungsphase Szenarien auf Inhalte untersuchten, die bei der Zensur Anstoß erregen könnten. Ziel war, der Zensur so wenig Angriffsfläche wie möglich zu bieten, damit die Verbreitung der Filme möglichst uneingeschränkt vonstatten gehen konnte und der ökonomische Erfolg gesichert war.

Münchhausen
(Deutsches Reich 1942/43, Regie Josef v. Baky)

Mitten im Zweiten Weltkrieg beging man das 25jährige Jubiläum der faschistischen Staatsfilmgesellschaft *Ufa* (die gegen Ende des Ersten Weltkriegs gegründet worden war). Der Jubiläumsfilm war ein opulentes, trickreiches

Ausstattungsmärchen in Agfa-Color nach dem Volksbuch über den Lügenbaron Münchhausen (Hans Albers). Mit einer Sondergenehmigung schrieb Erich Kästner (der seit der Bücherverbrennung von 1933 Arbeitsverbot hatte und als Unperson galt) das Drehbuch. Er brachte darin zahlreiche Anspielungen auf das Kriegshandwerk, auf die Allmacht der Inquisition und diktatorische Machtspiele unter. Infolgedessen mußte der Film mehrfach gekürzt werden. So entfiel auch eine an sich harmlose und doch zu freizügige Badeszene mit jungen, busenfreien Haremsdamen. Nach einem Rekonstruktionsversuch von 1978 konnten erst nach der politischen Wende mit Hilfe osteuropäischer Archive verschollene Filmteile ausfindig gemacht und eine Maximalfassung des Films hergestellt werden.

Oktober (Zehn Tage, die die Welt erschütterten)

(Oktjabr, Sowjetunion 1927/28, Regie Sergej Eisenstein)

Der Film war eine Auftragsarbeit der sowjetischen Regierung anläßlich des 10. Jahrestages der »Großen Sozialistischen Oktoberrevolution«. Eisenstein nutzte das Thema, um seine weltweit beachteten Montage-Theorien umzusetzen und zu verfeinern. In effektvollen Assoziationsmontagen schuf er teils ausgeklügelte filmische Metaphern.

Der Film schildert die achtmonatige Regierungszeit des Kerenski-Regimes, die der Oktoberrevolution vorausging. Der Film gipfelt in der Erstürmung des Winterpalais. Als Handlungsträger agieren einerseits einfache Soldaten und Volksfiguren, andererseits historische Figuren um die Gegenspieler Kerenski und Lenin. Nach Fertigstellung des Films mußte er noch einmal völlig umgearbeitet werden, da Leo Trotzki, eine der wichtigsten Gestalten der Oktoberrevolution, inzwischen in Ungnade gefallen war und nicht mehr in Erscheinung treten sollte. Eine Rede Lenins wurde auf Stalins Anweisung rigoros gekürzt, weil ihm Lenins »Liberalismus« mißfiel. Kurioserweise war die Rolle Lenins aus propagandistischen Gründen mit dem einfachen Arbeiter Wassili Nikandrow besetzt worden, dem es jedoch eindeutig an Ausdruckskraft mangelte.

Die Olsenbande

(Olsen-Banden, Spielfilmserie, Dänemark, Filme 1 bis 13, 1968 bis 1981, Regie Erik Balling)

Die Olsenbande, die zuerst in Norwegen, in jüngerer Zeit auch im dänischen Film zahlreiche Remakes und Abwandlungen erfahren hat, stand im Mittelpunkt einer Spielfilmreihe, die über dreizehn Jahre hinweg mit je einem Film pro Jahr große Kassenerfolge in Dänemark, aber auch in einigen anderen Ländern einbrachte. Dabei war der Fankreis in der DDR wohl am größten, wo die meisten Filme im Kino, zumindest aber mehrfach im Fernsehen kamen und jeweils viele Zuschauer anzogen. Die Kriminalgrotesken mit vielen Slapstick-Elementen stellten drei kleine Gauner in den Mittelpunkt, von denen einer, ihr Anführer Egon Olsen (Ove Sprogoe), ein talentierter, wenn auch etwas weltfremder Geldschrank-Knacker ist, der am laufenden Band geniale Pläne für große Coups entwickelt. Die Filme gefallen durch die liebevoll-ironische Betrachtung von Alltagsgewohnheiten kleiner Leute, und sie sind gespickt mit politischen Spitzen. Nach einer langen Pause und auch wegen des ungebrochenen Erfolgs der Olsenbande im östlichen Deutschland kam 1998 als Nachzügler → »Der (wirklich) allerletzte Streich der Olsenbande« auf die Leinwand.

In der ansonsten kongenialen deutschen Bearbeitung durch das DEFA-Synchronstudio, einen DDR-Staatsbetrieb, wurden bestimmte Anspielungen mitunter verändert. Beispielsweise sieht sich Egon Olsen in »Die Olsenbande fährt nach Jütland« in einem alten Wehrmachtsbunker um und erblickt dort ein großes Hitler-Porträt. Entsprechend der DDR-Staatsdoktrin durften mit solchen Dingen keine Scherze gemacht werden, weshalb diese Einstellung geschnitten wurde.

In der dänischen Fassung von »Die Olsenbande schlägt wieder zu« sagt Kjeld (Poul Bundgard) über den Sohn seiner Schwägerin: »Es ist die reinste Tragödie. Die armen Eltern! Nur Alkohol und Marxismus im Kopf!« Marxismus galt in der DDR natürlich nicht als Tragödie, und so hatte der Junge hier »nur Alkohol und Weiber im Kopf«. In einer anderen Szene dieses Films spricht Egon über den damals (1981) aktuellen »Butterberg« der Länder der Europäischen Gemeinschaft und erläutert im Original: »Aus Gründen, die kein Mensch versteht, darf die Butter nicht außerhalb des gemeinsamen Marktes verkauft werden, zum Beispiel nach Rußland, wo Buttermangel besteht und man gern einen guten Preis dafür bezahlen würde.« Pikanterweise änderte man »Rußland« in »die unterentwickelten Länder«.

Auch in »Die Olsenbande steigt aufs Dach« wurde ein Monolog von Egon geändert. Ursprünglich sagte er: »Die Reichsregistratur bewahrt sämtliche Informationen über Dänemark und die Dänen auf, sowohl gewöhnliche Informationen als auch geheime Informationen, die für die Polizei, die NATO, die EG und befreundete ausländische Mächte von Interesse sein könnten.« Die politisch durchaus links orientierten Autoren der Serie, Erik Balling und Henning Bahs, schossen hier eine Spitze gegen die Aushöhlung des Datenschutzes. In der DDR durfte ein Gedanke an diese Möglichkeit (eingedenk des allgegenwärtigen Staatssicherheitsdienstes) gar nicht erst aufkommen. Die DEFA-Variante war allerdings nicht ohne Witz: »Hier werden sämtliche Informationen über Dänemark und die Dänen aufbewahrt, wichtige Informationen und völlig belanglose, allgemein zugängliche ebenso wie solche, die so geheim sind, daß niemand weiß, ob man überhaupt wissen darf, daß man das gar nicht wissen darf.«

Panzerkreuzer Potemkin

(Bronenosez Potjomkin, Sowjetunion 1925, Regie Sergej Eisenstein)

Anläßlich des 20. Jahrestages der russischen Revolution von 1905 entstand Eisensteins Hauptwerk über die Meuterei auf einem zaristischen Kriegsschiff. Der Regisseur führte hier das von ihm aufgestellte Prinzip der »Montage der Attraktionen«, die in diesem Falle Herrschende und Beherrschte polemisch gegenüberstellt, zur Meisterschaft. Eines dieser Prinzipien bestand darin, das Publikum über emotionale Zuspitzungen zu politischen Einsichten zu bewegen. Dabei war es zwangsläufig, daß der Film außerhalb seines Ursprungslandes einerseits als Lehrstück filmischer Rhythmik und Dynamik gefeiert, andererseits von der Zensur behindert und verboten wurde. Es gelang Zensoren, durch Veränderung der Montage und der Zwischentitel Versionen zu erstellen, die eine politisch gegensätzliche Wirkung anstrebten. Ein besonderes Kapitel ist das der Zensur dieses Films in Deutschland, wo er 1926 in die Kinos kommen sollte.

Der Revolutionsfilm wurde von der deutschen Verleihfirma, der *Prometheus*, bereits vor der Zensurvorlage verändert, um eventuellen Auflagen zu begegnen. Kürzungen, aber auch Veränderungen der deutschen Zwischentitel machten das möglich.

Auf Betreiben von Justiz- und Reichswehrministerium, die im Hintergrund agierten, verlangte die deutsche Zensur jedoch weitere Schnitte. So wurden alle Szenen, in denen Offiziere von den aufständischen Matrosen über Bord geworfen wurden, eliminiert. Auch die legendären Szenen an und auf der Odessaer Treppe wurden geschnitten. Tote oder Sterbende, über Verletzte eilende Beine durften nicht zu sehen sein. Der gesamte Szenenkomplex mit dem Kinderwagen – heute ein wichtiger Teil der Ikonographie des internationalen Films – fehlt in dieser Fassung.

Hier als Beispiel ein kurzer Auszug aus den von der Filmoberprüfstelle am 10. 4. 1926 verlangten Schnittanweisungen:

»In Akt V nach Titel 1: Großaufnahme eines Mannes, der erschossen auf den Treppenstufen niedersinkt.

Länge: 1,95 m

Großaufnahme dreier Frauen, die zusammengekauert auf den Treppenstufen sitzen.

Länge: 0,60 m

Großaufnahme eines Mannes, über den die Füße eines Kosaken hinwegschreiten.

Länge: 0,70 m

Ein Kind wird neben seiner Mutter auf den Stufen von einer Salve getroffen. Großaufnahme des blutüberströmten Kindes und seiner Füße, über die andere hinweglaufen, endlich seines Kopfes, über den eine Frau hinwegschreitet. (Gezeigt werden darf, wie die Frau das Kind aufhebt und den Kosaken mit dem Kind im Arm entgegeneilt.)

Länge: 1,89 m

Nach Titel 3: Die Frau mit dem Kind auf dem Arm bricht in der Salve der Kosaken zusammen; diese schreiten an ihr vorbei, die Treppe hinunter.

Länge: 2,55 m«

»Der einschneidendste Punkt der Abänderungen bestand im Versuch, die lebendige Verklammerung der Revolution von 1905 mit der des Oktober zu kaschieren und damit die im Film erörterten und tendenziös vorgeführten Ereignisse nicht als ein Kettenglied der revolutionären Arbeiterbewegung Rußlands, sondern als eine irgendwie zufällige, untypische Meuterei mit neutralem historischen Hintergrund erscheinen zu lassen«, konstatierten Sergej Eisenstein und sein Kameramann Eduard Tissé 1926 in einem Zeitungsaufsatz.

Der Film, der zeitweise komplett verboten war, hatte gerade unter linken Intellektuellen in Deutschland – darunter Lion Feuchtwanger, Klabund, Max Liebermann, Heinrich Zille, Leopold Jessner, Alfred Kerr, Hans J. Rehfisch und Johannes R. Becher – vehemente Anhänger, die es mit Protestdemonstrationen und publizistischen Aktionen schafften, das Verbot wieder aufzuheben – nur leider unter weiteren Kürzungen und Änderungen des Wortlauts der Zwischentitel. Über die Wirkung der gekürzten Fassung schrieb der renommierte Kritiker Herbert Ihering im »Berliner Börsencourier«: »Nicht einmal das Wort ›Proletkult‹ [russisches Kurzwort für proletarische Kultur, eine Richtung innerhalb der sozialistischen Kulturrevolution in Sowjetrußland; Anm. F.-B. H.] darf im Texte vorkommen, obwohl es sich nur auf die Mitwirkenden des Films bezieht. (…) Über Textänderungen läßt sich streiten, über die Bildschnitte läßt sich nicht streiten. Man sieht zwar am Anfang noch, daß der schlafende Matrose sich gequält umdreht. Warum? Scheinbar träumt er schwer. (…) Der Knutenhieb, der ihn getroffen hat, ist weggeschnitten. Kein Offizier, nicht einmal der Schiffsarzt wird ins Wasser geworfen, kein Kneifer hängt mehr in den Tauen. Und die Kosaken? Sie marschieren noch die Treppe hinunter. Aber schießen sie noch? Man kann es kaum sehen. Fällt jemand? Schon ist es vorüber. (…) Fast alle Großaufnahmen fallen weg. Der ganze Aufbau, die phänomenale Steigerung, der Wechsel der Einzel- und Massenbilder, der Kontrast des dröhnend ruhigen Kosakenmarsches und der aufgestörten Bevölkerung, der Rhythmus, die aufpeitschende Gewalt – alles ist weg. Es ist das beste Zeugnis für den Wert des Films und den Unwert der Bearbeitung, daß mit der Vernichtung der menschlichen Gesinnung auch die künstlerische Wirkung dahin ist. Eisensteins Werk ist für Deutschland ruiniert.«

In den Nachkriegsjahren gab es in beiden Teilen

Deutschlands unterschiedliche Fassungen des Films in den Kinos und Filmklubs. Als authentisch kann die 1986 vom Münchner Filmmuseum rekonstruierte Version mit der für die deutsche Fassung von 1926 geschaffenen Musik von Edmund Meisel gelten.

Paisa

(Italien 1946, Regie Roberto Rossellini)

Der Episodenfilm um Ereignisse in der Schlußphase des Zweiten Weltkriegs erzählt sechs verschiedene Geschichten. Die sechste Episode wurde in der ersten deutschen Kinofassung 1949 unterschlagen und war erst in der Fassung des ZDF 1986 erstmals in der Bundesrepublik zu sehen. Sie handelt von einem geflohenen amerikanischen Kriegsgefangenen (Dale Edmonds), der von Deutschen erschossen wird, als er die Ermordung italienischer Widerstandskämpfer verhindern will. In der DDR war der Film auch mit der sechsten Episode seit den sechziger Jahren bis 1990 im Verleih.

Persien

Im Zeichen aktueller Ereignisse und Krisen im persischen Kaiserreich, das nach Abdankung von Schah Reza Pahlevi den Namen Iran erhielt, trieb das Reinheitsbestreben auf Bildschirmen der DDR seltsame Blüten. So mußte aus dem alten Lustspielfilm »Die Gräfin von Monte Christo« (Deutsches Reich 1932, Regie Karl Hartl) die Formulierung »gelebt wie der Schah von Persien« geschnitten werden. Ein andermal nahm die Sendeleitung bei der (wegen ihres Anspielungsreichtums schon von der nationalsozialistischen Zensur stark gekürzten) Curt-Goetz-Komödie –> »Land der Liebe« (Deutsches Reich 1937, Regie Reinhold Schünzel) an der belanglosen Formulierung »diese alten Perser« Anstoß – ebenso ein Fall für die Schere.

Production Code Administration

Die führenden Hollywood-Studios schlossen sich in den zwanziger Jahren zu einer Organisation, der *Production Code Administration*, zusammen, die nach ihrem Chef Will H. Hays auch das »Hays-Office« genannt wurde. Unter Hays' Leitung erstellte man eine Reihe von Regeln, was (und wer) in Filmen behandelt werden durfte und was nicht. Fragen von Moral und gutem Geschmack waren im *Production Code* geregelt. Er trat in der ersten Hälfte der dreißiger Jahre in Kraft, und alle Studios richteten sich fortan danach. Zu diesen Regeln gehörte es beispielsweise, daß niemals Sympathien des Publikums für kriminell oder unmoralisch handelnde Personen geweckt werden durften. Auch ein Phänomen wie Rache war in Gegenwartsfilmen tabuisiert, allein in Filmen mit historischen Sujets durfte der Rachedurst gestillt werden. Illegaler Drogenhandel durfte nicht thematisiert, die Heiligkeit der Ehe nicht angetastet werden. Erotisch-leidenschaftliche Szenen sollten nur gezeigt werden, wenn sie für die Handlung wesentlich waren. Ausdauernde Küsse oder Umarmungen waren zu aufreizend. Selbstverständlich waren auch ab-

artige sexuelle Handlungen (wozu die gleichgeschlecht-
liche Liebe ebenso wie die zwischen Weißen und Angehörigen anderer Rassen zählten) auf der Leinwand (und
nicht nur dort) verboten. Keinerlei nackte Menschen
– auch keine Kinder – durften gezeigt werden. Flüche und
empörte Ausrufe wie »Gott!«, »Herr!«, »Jesus!«, »Zur
Hölle!« oder »Verdammt!« mußten unterbleiben. Religiöse Würdenträger sollten nicht als Bösewichte dargestellt werden.

In der Praxis waren diese Bestimmungen allerdings viel-
fältig auslegbar, so daß Filmemacher und Produzenten immer wieder mit mehr oder weniger Erfolg versuchten, sie
aufzuweichen oder zu umgehen. Der »Hays Code«, wie er
auch genannt wurde, war jedoch jahrzehntelang Anlaß für
Zensurmaßnahmen und Selbstzensur, bis er in der zweiten
Hälfte der sechziger Jahre anderen, liberaleren Bestimmungen wich.

Der Rat der Götter

(DDR 1950, Regie Kurt Maetzig)

Auf der Grundlage von Protokollen der Nürnberger Kriegs-
verbrecherprozesse stellte Drehbuchautor Friedrich Wolf
anhand der Wandlung des Wissenschaftlers Dr. Scholz
(Fritz Tillmann), der seine neutrale Haltung revidiert, die
Entwicklung der I.G. Farben und ihrer Giftgasproduk-
tion dar, die Hitlers Massenvernichtung möglich machte,
aber auch die Verbindungen der I.G. Farben mit der US-
Industrie.

Im Laufe der Aufführungspraxis nahm man immer wieder Anstoß an einzelnen Aussagen. So mußte 1953 eine kurze Szene herausgenommen werden, in der Dieter (Karl-Heinz Deickert) von einem Gepäckmarsch überanstrengt zurückkommt und sein Vater (Fritz Tillmann) die »Kriegsspielerei« verflucht. Immerhin baute man in der DDR bewaffnete Organe wie die »Kasernierte Volkspolizei« auf und mußte dem auch in der Kulturarbeit Folge leisten.

Für eine Wiederaufführung mußte im Jahr 1963 die Schlußszene geschnitten werden. In Dokumentaraufnahmen wurden Friedensdemonstrationen aus aller Welt, auch aus der Volksrepublik China, gezeigt. Mit den Chinesen war jedoch, nachdem sich Mao der sowjetischen Vormachtstellung widersetzt hatte, keine Gemeinsamkeit mehr erwünscht: »Die Szene Peking – Demonstrationszug der chinesischen Bevölkerung mit großflächigen Bildern der chinesischen Führer ist zu schneiden« (zitiert aus einem Protokoll der *Hauptverwaltung Film*). Darüber hinaus wurde empfohlen, den Film überhaupt mit Musik ausklingen zu lassen. Wo keine Bilder sind, sind auch keine Fettnäpfe.

Das Raubtier rechnet ab -> **Dschungel in Paris**

Raumschiff Venus antwortet nicht -> **Der schweigende Stern**

Der Richter von Zalamea

(DDR 1955, Regie Martin Hellberg)

Die stilisierte Adaption des Stückes von Calderón um einen Dorfrichter zur Zeit Philipps II. fand Anerkennung, aber auch Kritik, die sich besonders an einer Vergewaltigungsszene entzündete.

Dazu wurden von der staatlichen Abnahmekommission Szenen bemängelt, die erotische oder naturalistische Übertreibungen darstellten. So mußte ein heftig kosendes Pärchen auf einem Heuwagen herausgenommen werden wie auch »das Sujet, in dem der Sergeant (Raimund Schelcher) in die Vorratskammer eindringt und in abstoßender Weise die rohen Hühnereier verzehrt« (zitiert aus einem Protokoll der *Hauptverwaltung Film*).

Über sonderbare Zwänge, die künstlerische Fragen beeinträchtigten, schrieb Martin Hellberg in seinen Erinnerungen: »Kaum zu glaubende Tatsache bleibt, daß ich die gelungenen Szenen des Komikerpaares Wolf von Beneckendorff (Don Mendo) und Manfred Schäffer (Nuno) aus dem Film herausschneiden mußte, damit neben ihm der nützliche Beifilm ›Aus Altöl mach Neuöl‹ gezeigt werden konnte. Eine schmerzliche Wirkungsminderung und Schädigung der Künstler!«

Rocco und seine Brüder

(Rocco e i suoi fratelli / Rocco et ses frères, Italien/Frankreich
1960, Regie Luchino Visconti)

Der epische Film, noch ganz im neorealistischen Stil, erzählt von einer Witwe (Katina Paxinou), die mit ihren teils
schon erwachsenen Söhnen aus Süditalien nach Mailand
kommt, um dem Elend in der Heimat zu entrinnen. Das
im italienischen Original über dreistündige Werk wurde
ohne Einwilligung des Regisseurs mehrfach gekürzt.
Nach öffentlichen Protesten kündigte der deutsche Verleih die »ungekürzte Exportfassung« an, allerdings die
französische, die kürzer als die italienische war. Zudem
kürzte der Verleih dann doch noch, »um das Tempo zu be-
schleunigen«. So fehlte die Einteilung in Kapitel, die dem
Film eine Art Romancharakter gab. Die für damalige Ver-
hältnisse exzessiven Szenen der Vergewaltigung und des
Mordes an Nadia (Annie Girardot) wurden in sich gekürzt. Eine Szene zwischen Nadia und Simone (Renato
Salvatori) auf einer Mauer eines Hotelgartens wurde geschnitten wie auch ein Monolog der Witwe und ein Dialog
zwischen den Brüdern Rocco (Alain Delon) und Simone
unmittelbar nach der Mordbeichte. Damit fehlten in der
bundesdeutschen Fassung gegenüber dem italienischen
Original immerhin 18 Minuten. In der DDR lief eine von
der DEFA synchronisierte Fassung, die zwar auch nicht
die Originallänge hatte, aber doch umfangreicher als die
bundesdeutsche war. Das ZDF präsentierte 1992 eine
Langfassung mit den fehlenden Szenen, die untertitelt
waren.

Rom, offene Stadt

(Roma, città apperta, Italien 1945, Regie Roberto Rossellini)

Das Meisterwerk, eines der Urbilder des italienischen Neorealismus, schildert die Aktivitäten, die Verfolgung und das grausame Ende einer italienischen Widerstandsgruppe zur Zeit der deutschen Besetzung Roms im Jahre 1944. Deutsche Grausamkeiten wie die Folterung eines kommunistischen Widerstandskämpfers oder die Ermordung einer Schwangeren werden unverhüllt dargestellt. Der Film wurde 1950 von der –› *FSK* nicht zugelassen. In der Begründung hieß es, daß in der gegenwärtigen, neuen europäischen Situation »von einer öffentlichen Vorführung völkerverhetzende Wirkungen befürchtet werden (müßten), die im Interesse einer allgemeinen, insbesondere einer europäischen Völkerverständigung unbedingt zu vermeiden sind«. Erst ein Jahrzehnt später kam der Film in bundesdeutsche Kinos. Allerdings wurden bei der Synchronisation Änderungen vorgenommen. So wurde aus dem Kommunisten ein offenbar weniger anstößiger »Sozialist«, und die Nationalität der deutschen Folterer wurde nicht explizit ausgesprochen. Man bezeichnete sie schlicht als »Nazis«.

Rotation

(DDR 1948/49, Regie Wolfgang Staudte)

Der Film erzählt von der Familie eines Maschinenmeisters im Berlin der Jahre 1932 bis 1946. Als der Vater (Paul Esser) den antifaschistischen Widerstand unterstützt, wird er von seinem halbwüchsigen Sohn (Karl-Heinz Deickert) denunziert und kommt ins Zuchthaus. Nach dem Krieg findet der Vater die Kraft, dem Sohn zu verzeihen.

Zwischen dem Abschluß der Dreharbeiten und der Premiere kam es zu Auseinandersetzungen zwischen der DEFA und Regisseur Wolfgang Staudte, der auch das Szenarium geschrieben hatte. Man verlangte Änderungen von ihm. Aus einer Szene wurde ersichtlich, daß sich das Ausland zur Zeit der Olympiade von 1936 noch nicht von Hitler abgewendet hatte. Staudte zeigte den Einzug der Nationen und blendete auf das Hakenkreuz an der Jacke des Jungen. Diese Sequenz fiel der Schere zum Opfer. Besonders stritt man um jene Szene, in der der Vater die Uniform des aus der Kriegsgefangenschaft heimgekehrten Sohnes verbrennt und sagt: »Das war die letzte Uniform, die du je getragen hast.« Im Zusammenhang mit dem Aufbau einer Volkspolizei in der DDR empfand man diese Szene als kontraproduktiv. Schließlich durfte die Szene bleiben, nur der Text wurde nicht gesprochen. Als jedoch 1949 ein neuer Direktor zur DEFA kam, ließ er als erstes diese Szene entfernen. Staudte verließ daraufhin die DEFA und arbeitete für mehr als ein Jahr im Westen, bevor er für die Romanadaption → »Der Untertan« nach Babelsberg zurückkehrte.

Saturn-Film

Die *Saturn-Film* war die erste in Österreich tätige Filmproduktionsfirma. Sie wurde 1906 von dem Fotografen Johann Schwarzer zum Zwecke der Produktion »hochpikanter« erotischer Filme gegründet. Nach dem Vorbild ähnlicher Filme, wie sie schon vor der Jahrhundertwende von den Regisseuren Georges Méliès oder Charles Pathé hergestellt worden waren, drehte Schwarzer kurze Filme mit Situationen, in denen sich die Darstellerinnen recht schnell entkleideten. Die nur wenige Minuten langen Filme erfreuten sich auf sogenannten »Herrenabenden« auch im Ausland großer Beliebtheit. Die Filme der *Saturn-Film* waren rein erotische Streifen, die nie ins Pornographische abglitten. Trotzdem hatten sie mit der k. u. k.-Zensur zu kämpfen, und Zensureingriffe waren auch der Anlaß, weshalb Johann Schwarzer seine Produktion 1911 einstellte. Dabei wurden von der Zensurbehörde oft genug inhaltliche Dinge bemängelt, während die Nacktszenen keinen Anstoß erregten.

Keine Nacktszenen hatte der Film »Eine moderne Ehe« (1906/07), in dem sich sowohl Ehemann als auch Ehefrau Seitensprünge leisten. Gerade die Szene, in der sich die Frau das Recht auf ihr eigenes Vergnügen nimmt und »außerehelich« flirtet, mußte herausgeschnitten werden, weil dieses Verhalten nicht mit den Moralvorstellungen der Zeit übereinstimmte.

In »Die Macht der Hypnose« (1908/10) versetzt eine Prostituierte ihren Freier in Trance und treibt in diesem Zustand allerlei Spiele mit ihm, um ihn zu demütigen. Den Zensoren ging eine Sequenz zu weit, in der die Dame nackt auf dem bekleideten Herrn reitet. Diese Erniedrigung mußte entfernt werden.

Der Film »Weibliche Assentierung« (1908/10) zeigt eine Militärkommission, die nacheinander sieben kaum bekleidete Frauen genauestens auf ihre Körpermaße untersucht. Dabei gibt es komische Situationen, die ein

Verbot des Films zur Folge hatten. Da der Film nach Ansicht des k. k. Landgerichts Wien eine Verspottung des Militärs darstellte, wurde er in Gänze verboten. Es war üblich, die betroffenen Filmrollen mit Axthieben zu zerstören. Offenbar wurden die Reste jedoch später wieder zusammengesetzt, so daß der Film heute mit krassen Handlungssprüngen erhalten ist – ein besonders derb zerschnittener Film!

Scarface

(Scarface: The Shame of a Nation, USA 1931/32, Regie Howard Hawks, Richard Rosson)

In seinem Gangsterfilm lehnte sich Howard Hawks an die Geschichte des legendären und skrupellosen Bandenchefs Al Capone an, der im Entstehungsjahr des Films endlich gefaßt worden war. Der mit Spitznamen »Narbengesicht« genannte Tony Camonte wird von Paul Muni gespielt. Aus der Sicht der Verbrecher erzählt der Film Tonys Aufstieg vom kleinen Ganoven zum mächtigsten Gangsterboß. Anders als der reale Al Capone wird Tony am Schluß von der Polizei erschossen.

Gerade die ungewöhnliche Sicht des Films, der aus der Gangsterperspektive erzählt wird und den Kriminellen durchaus sympathische Züge zubilligt, aber auch die dargestellte Gewalt (in unterschiedlichen Versionen des Films sind zwischen 25 und 40 Morde zu zählen) brachten Hawks und seinen Co-Produzenten Howard Hughes in Schwierigkeiten gegenüber der Zensur. Der im Film gezeigte Umstand, daß angesehene Bürger mit den Gangstern einerseits privaten Umgang pflegen, sie andererseits öffentlich verdammen, verstieß gegen den rigiden Moralkodex.

Die erste Version des Films konnte nicht lange laufen. Zunächst verlangte das *Hays Office*, der Hüter des –> *Production Codes*, daß der Film den Untertitel »Schande einer Nation« erhielt, um einer eventuellen Glorifizierung des Gangstertums zu begegnen. Weiter mußten die Produzenten die Darstellung von korrupten Politikern, die mit den Gangstern gemeinsame Sache machten, bereinigen. (Tatsächlich war die in vielen amerikanischen Städten herrschende Korruption längst kein Geheimnis mehr.) Außerdem mußte die Figur von Tonys Mutter, die ursprünglich stolz auf das Durchsetzungsvermögen ihres Sohnes ist, dahingehend geändert werden, daß sie sein Tun nunmehr mißbilligt.

Auch die zweite Version fand noch nicht die volle Zustimmung des *Hays Office*. Es wurde verlangt, eine dritte Version herzustellen, in der Tony am Schluß verhaftet wird. Ihm wird der Prozeß gemacht und das Todesurteil ausgesprochen. Damit sollte die Effektivität der amerikanischen Justiz hervorgehoben werden.

Die Zensurgesetzgebung in den USA machte es möglich, daß in New York und im benachbarten New Jersey unterschiedliche, nämlich die zweite und die dritte Version von »Scarface« gleichzeitig liefen. Die erste Version durfte überhaupt nicht mehr gezeigt werden.

International traten weitere Zensurvorschriften in Kraft, so daß heute von diesem Klassiker zahllose Versionen kursieren. Während der Film in bundesdeutschen Kinos als »Scarface« lief, war er in der DDR unter dem Titel »Narbengesicht« zu sehen.

Die Schlüssel

(DDR 1972 bis 1974, Regie Egon Günther)

Unmittelbar nach dem internationalen Erfolg seines Gegenwartsfilms »Der Dritte« drehte Egon Günther diesen Film, der um das Verhältnis junger DDR-Bürger zu ihren polnischen Nachbarn kreiste. Ein junges Paar, Student (Jaecki Schwarz) und Arbeiterin (Jutta Hoffmann), reist gemeinsam nach Kraków. Die ungleichen sozialen Erfahrungen werden zur Belastung ihrer Liebe. Schließlich stirbt die junge Frau bei einem Unfall.

In dem Film wurde viel experimentiert, etliche den Gang der Handlung unterbrechende Elemente wie Interviews irritierten die Zuschauer, die aber immer wieder Freude an den unerwarteten Verbindungen des Puzzles hatten. Manches allerdings mußte geschnitten werden. So berichtete Egon Günther, daß beispielsweise der Tower am Flughafen Berlin-Schönefeld gefragt wurde: »Wie sicher seid ihr denn? In der ganzen Welt plautzen Flugzeuge 'runter.« – »Nee, bei uns nicht«, war die Antwort. Bald darauf gab es ein schweres Flugzeugunglück mit einer Interflug-Maschine, weshalb die staatliche Leitung der DEFA die Szene schneiden ließ.

In der Straßenbahn improvisiert Jutta Hoffmann ein Gespräch mit einem echten Schaffner, der sinngemäß sagt: »Nu, deutsch spreche ich ganz gut. Habe ich in Gefangenschaft bei Deutschen gelernt.« Und wörtlich fügt er hinzu: »In Deutschland Gefangenschaft nie gehungert, in russische Gefangenschaft schrecklich.« Dieser Satz mußte raus.

In Krakau filmte das Team eine Prozession mit dem Kardinal Wyszyński, der in die Kamera hinein seinen Segen spendete. Doch abgesehen von der geistlichen Geste in einem Land, das den Atheismus als Grundlage hatte, galt der Kardinal, der erst kurz zuvor aus dem Gefängnis gekommen war, in Polen als Unperson, weshalb auch diese Szene nicht im Film verbleiben durfte.

Dem fertigen Film wurden viele Schwierigkeiten gemacht. Erst nach über einem Jahr kam er in sehr wenigen Kopien in die Kinos. Er hatte Export- und Fernsehverbot und zählt heute zu den wichtigsten deutschen Gegenwartsfilmen der siebziger Jahre.

Die Schönste

(DDR/Deutschland 1957/59 und 2002, Regie Ernesto Remani)

Der Film, der zu seiner Entstehungszeit nicht aufgeführt werden durfte, hat eine besonders kuriose Geschichte. Die DEFA produzierte ihn in einer politischen Phase der deutsch-deutschen Annäherung und siedelte die Handlung in West-Berlin an. Dabei wurde Profitstreben und Heuchelei im kapitalistischen System kritisch, aber – wie von den Funktionären der Abnahmekommission bemängelt wurde – in diesem Falle zu versöhnlich dargestellt.

Der Film handelt von zwei befreundeten Jungen aus verschiedenen Gesellschaftsschichten in Westberlin, die ihren Müttern den Schmuck mausen, um zu beweisen, daß jede der beiden Frauen auch so als »die Schönste« gelten kann. Doch der Fabrikant unter den beiden Vätern (Willy A. Kleinau) hatte das noch nicht bezahlte Collier gezielt eingesetzt, um Liquidität vorzutäuschen, und gerät in böse Schwierigkeiten.

Durch Funktionäre wurde die Darstellung der »einfachen Leute« (hier ein von Gisela May und Gerhard Bienert gespieltes Handwerkerpaar) bemängelt. Obwohl sie noch nicht einmal der Arbeiterklasse angehörten, sollten sie als Gegenpol proletarischer werden. Ihre Wohnung war in der Ausstattung von Nachwuchstalent Alfred Hirschmeier und in der Agfa-Farbfotografie von Altmeister Robert Baberske zu ansehnlich geraten, und auf dem Küchentisch lag gar eine Schale mit Südfrüchten. Auch der Fabrikantenfamilie fehlte kritisches Potential. Regisseur Ernesto Remani (ein Südtiroler aus Luis Trenkers Schule, der für einen brasilianischen Film preisgekrönt worden war) erhielt den Auftrag zu Nachaufnahmen. Die Südfrüchte fehlten nun, und Gisela May trug statt Dauerwelle ein adrettes Kopftuch. Die Fabrikantengattin (Ursula Burg) erkannte jetzt das wahre Wesen ihres Mannes und verließ ihn. Doch die politische Linie hatte sich zu sehr geändert. Der Film blieb verboten.

Im Jahre 1958 kürzte der damalige Jungregisseur Walter Beck den »abgelagerten« DEFA-Film, montierte ihn recht modern und fügte eine Rahmenhandlung hinzu, die Nachwuchsdichter Heinz Kahlau (der »Inhaber einer literarischen Reparaturwerkstatt«, wie Renate Holland-Moritz ihn anläßlich seiner Mitarbeit bei -> »Laut und leise ist die Liebe« nannte) geschrieben hatte. Zwei Anstreicher (Erik S. Klein und Uwe-Jens Pape) erzählen sich nun die Geschichte der beiden Jungs, und Manfred Krug singt dazu ein zwar agitatorisches, nichtsdestotrotz aber witziges Liedchen zur Gitarre. Trotz der hinzugekommenen Aufnahmen war diese Fassung 20 Minuten kürzer als die ursprüngliche, ganze Szenenkomplexe fehlten. Sie fand aber trotzdem keine Gnade vor der Abnahmekommission.

Für Filmhistoriker ist es ein Glücksfall, daß alle Materialien im Staatlichen Filmarchiv der DDR, dem heutigen Bundesarchiv-Filmarchiv, gut temperiert aufbewahrt wurden und die DEFA-Stiftung im Jahre 2002 die Montage beider Fassungen möglich machte. Der *Progress-Filmverleih*, auch damals schon als Verleiher vorgesehen, hat nun beide Fassungen in die Kinos gebracht, und es ergibt sich ein aufschlußreicher Vergleich und ein interessanter Einblick in die Mechanismen der Filmzensur. Auch international findet man dergleichen selten.

Schrei, wenn du kannst

(Les Cousins, Frankreich 1958, Regie Claude Chabrol)

Das im Studentenmilieu angesiedelte Porträt wohlhabender und neurotischer Nichtstuer mit einer faschistoiden Mentalität wurde in der deutschen Synchronisation verändert, um Erinnerungen an die deutsche Vergangenheit zu eliminieren. So wurde die Figur eines Juden in einen Ungarn verwandelt und die deutsche Gestapo in die ungarische Staatspolizei.

Das Schweigen

(Tystnaden, Schweden 1963, Regie Ingmar Bergman)

Der dritte Teil einer lose verbundenen Trilogie des großen schwedischen Regisseurs wurde überraschenderweise zum Skandalerfolg. Zwei Schwestern und der kleine Sohn einer der beiden geraten in einer fremden Stadt in ein labyrinthisches Hotel voller Liliputaner. Befremden, Angst und Verwirrung prägen die Atmosphäre des Films. Anna, die Heldin (Gunnel Lindblom), lebt ihre sexuellen Lüste aus. Dabei kommt es zu einigen zur damaligen Zeit sehr freizügigen Sex-Szenen. Zum ersten Mal wurde in einer knapp zweiminütigen Szene ein Koitus nachgestellt. Dadurch gab es in verschiedenen Ländern, besonders in Frankreich und in der Bundesrepublik Proteste von Klerikern und Politikern, die das sittliche Empfinden des Publikums provoziert sahen. Nacktszenen, obwohl sie als von Existenznot geprägte Verzweiflungstaten gewertet wurden, mußten geschnitten werden. Trotzdem oder gerade deshalb erreichte der Film hohe Besucherzahlen.

Der schweigende Stern / Raumschiff Venus antwortet nicht

(Milczaca gwiazda, DDR/Polen 1959, Regie Kurt Maetzig)

Der attraktive Film in Farbe und Breitwand entstand, als erster »utopischer Film« der Babelsberger DEFA, nach dem Roman »Planet des Todes« des polnischen Science-fiction-Klassikers Stanislaw Lem. Es wird die Geschichte einer gemeinsamen Aufklärungsreise internationaler Kosmonauten und Astronauten zur Venus erzählt. In der Ära des »Kalten Krieges« gedreht, verfocht der Film ideologisch den Glauben der sozialistischen Länder an die Überlegenheit des kommunistischen Systems. So wurde die Zeit der Handlung von 2003 (in Lems Vorlage) ins Jahr 1970 vorverlegt. Nach der durch den Start des ersten sowjetischen Sputniks und der sich anschließenden Weltraumreise der Hündin Leika ausgelösten Euphorie glaubte man, daß die Menschheit zu solchen Raumflügen in kurzer Zeit in der Lage wäre.

Als der Film 1962 unter dem Titel »First Spaceship on Venus« in den USA erschien, hatten die Amerikaner, ähnlich wie es zehn Jahre zuvor in der Bundesrepublik mit –› »Casablanca« gemacht worden war, durch Kürzung, Montage und Synchronisation eine dem Original nicht entsprechende Angleichung an ihre eigenen ideologischen Maßgaben bewerkstelligt. Für den US-amerikanischen Markt wurden vier Sequenzen gekürzt und vier weitere völlig geschnitten.

In der amerikanischen Fassung fällt auf, daß die optimistische Zeitangabe der Handlung von 1970 in 1985 verwandelt wird und die im Original mehrfach vorhandenen Begriffe »Kollektiv« und »sozialistisch« nicht auftauchen. Statt des russischen Expeditionschefs Arsenjew (Michail N. Postnikow) leitet jetzt ein Amerikaner namens Harringway die Unternehmung. Hingegen wurde der als Zweifelnder angelegte amerikanische Atomphysiker Hawling (Oldrich Lukes) zu einem russisch anmutenden Orlow. Der polnische Chefingenieur Saltyk (Ignacy Machowski) hingegen verwandelte sich in den Franzosen Durand, vielleicht, weil Frankreich inzwischen Atommacht geworden war. Der deutsche Pilot Brinkmann (Günther Simon) behielt zwar seinen Namen, wird aber in einer Sequenz, in der er kurioserweise mit einem deutlich zu erkennenden Düsenjäger der Nationalen Volksarmee der DDR zum Raketenstartplatz kommt, als »first American spaceman to land on the moon« vorgestellt. Die Bedeutung der japanischen

Ärztin Sumiko (Yoko Tani) wurde in der Spaceship-Fassung verkleinert, weil sie im Original mehrfach direkt und indirekt an die Opfer der amerikanischen Atombombenabwürfe auf Hiroshima und Nagasaki erinnert. Andere Änderungen betrafen den afrikanischen Techniker Talua (Julius Ongewe). Im Jahr 1962 waren in den USA rassistische Vorurteile noch immer weit verbreitet. Weiße und Schwarze waren im gesellschaftlichen Umgang nicht gleichgestellt. Doch Talua und der (in der Spaceship-Fassung) amerikanische Expeditionsleiter »Harringway« gingen vorurteilslos miteinander um. So wurden die Szenen der beiden auf ein Minimum zurechtgeschnitten, und der Weiße bekam eine Synchronstimme, mit der er den Schwarzen regelrecht anherrschte.

Die Pressekonferenz wurde in der amerikanischen Fassung auch um die Passagen gekürzt, in der Arsenjew, jetzt »Harringway«, das Grundprinzip des Internationalismus im sowjetischen Handeln erläutert und andeutet, daß die Russen als erste auf dem Mond waren. Eine in New York angesiedelte Sequenz fehlt in der Spaceship-Fassung ganz. Hier tauschen Wissenschaftler ihre Ansichten zum Mißbrauch der Wissenschaft und zu den Atombombenabwürfen von 1945 aus. Auch gab es Anspielungen auf den Rückstand der Amerikaner bei der Raketenentwicklung. Eine Pressekonferenz wurde in der amerikanischen Version um die Passage gekürzt, in der der chinesische Linguist (Tang Hua-Ta) der Japanerin erklärt, daß sie für die Frauen in China ein Vorbild sei. Da die chinesisch-japanischen Beziehungen durch kriegerische Handlungen in den dreißiger und vierziger Jahren nachhaltig belastet waren, sollte offenbar angesichts alter Feindbilder die Möglichkeit von freundschaftlichen Beziehungen zwischen beiden südostasiatischen Staaten in der Zukunft nicht behauptet werden. Die Spaceship-Fassung mit den Änderungen aus dem Jahre 1962 kam im Jahre 2000 in den USA auch als DVD in den Handel.

Sehnsucht

(Senso, Italien 1953/54, Regie Luchino Visconti)

Mit dieser im Jahre 1866 angesiedelten Literaturadaption um die Liebesgeschichte einer venezianischen Gräfin und eines österreichischen Besatzungsoffiziers wollte Luchino Visconti Parallelen zur jüngsten Vergangenheit und Gegenwart in Italien schaffen. Die österreichische Monarchie wurde als eine absterbende Ordnung klassifiziert.

Bereits die italienische Zensur erhob Einwände, denen der Verleih nachkam und die Intentionen des Regisseurs damit verwässerte. So wurden Schlachtenszenen, für Visconti ein Kernstück des Films, eliminiert. Auch politische Anspielungen, die von der Gräfin (Alida Valli) geäußert wurden, drängte man zurück. Der österreichische Offizier Franz Mahler (Farley Granger) wird am Ende (nachdem er von der Gräfin verraten wurde) hingerichtet. Auch diese Szene wurde geschnitten und statt dessen ein melodramatischer Schluß gefunden.

Zur bundesdeutschen Erstaufführung Mitte der fünfziger Jahre wurde nochmals gekürzt, so daß dem Film gegenüber dem Original rund 20 Minuten fehlten. Erst 1993 wurde eine rekonstruierte Fassung in Deutschland aufgeführt.

Die seltsamen Abenteuer des Herrn Fridolin B. →
Der Mann, dem man den Namen stahl

Sie tat ihm unrecht

(She Done Him Wrong, USA 1933, Regie Lowell Sherman)

Die Vorlage für den Film um eine Nachtklubsängerin in
der New Yorker Vorstadt, die in eine Falschgeldaffäre verwickelt wird, stammte von Hollywood-Star Mae West. Ihr
Theaterstück »Diamond Lil« um eine Frau, die ebenso
viele Juwelen wie Liebhaber hat und sich ausgerechnet in
einen Detektiv verliebt, war wegen seiner »vulgären dra-
matischen Situationen« und der »freizügigen Dialoge« ein
Skandalerfolg, so daß man für die Verfilmung mit Mae
West und Cary Grant in den Hauptrollen einen anderen
Titel wählte. Da jedoch das Stück inzwischen verboten
war, gab es Ärger mit dem → *Production Code.* Man verlangte Änderungen, zum Beispiel wurde aus dem Delikt
der Zuhälterei das des Falschmünzens, das Lied »A Guy
What Takes His Time« mußte wegen des Textes herausgeschnitten werden, und zahlreiche bissige Sprüche von Mae
West verschwanden. Die Kampagne gegen den Film zog
das Publikum allerdings in Scharen ins Kino. Mae West
meinte spöttisch: »Ich glaube fest an die Zensur, denn ich
habe mein Glück damit gemacht.« Der Erfolg eines moralisch so verwerflichen Films wie diesem war einer der
Gründe, weshalb kurz darauf die katholische Zensurbehörde → *Legion of Decency* ins Leben gerufen wurde.

Spartacus

(USA 1959/60, Regie Stanley Kubrick)

Der Monumentalfilm mit eindrucksvollen Massenszenen war mit einem Budget von 12 Millionen Dollar die bis dato teuerste Hollywood-Produktion und schildert den Sklavenaufstand im Rom vorchristlicher Zeit. Spartacus (Kirk Douglas) ist ein thrakischer Sklave, der zum Freiheitskämpfer wird. Der ursprünglich 193 Minuten lange Streifen kam 1992 in einem um 4 Minuten erweiterten Director's Cut in die Kinos.

Einige der Schlachtszenen waren nach dem -> *Production Code* 1960 zu derb. So kann man erst in der 1992er Version sehen, wie Spartacus einem römischen Legionär den Arm abtrennt und das Blut in die Kamera spritzt. Wichtiger ist jedoch eine Szene mit deutlichen homoerotischen Untertönen, die seinerzeit moralisch bedenklich schien und der Schere zum Opfer fiel. Zu sphärischen Klängen nehmen Crassus (Laurence Olivier) und sein Sklave Antonius (Tony Curtis) ein Bad, und der Herr fragt seinen schönen Gespielen, ob er Austern (er meint das männliche Geschlecht) oder Schnecken (also die Weiblichkeit) bevorzugen würde. »Appetit ist keine Sache der Moral, nicht wahr, Antonius«, raunt Crassus dem Sklaven zu.

Auf Intervention durch die katholische -> *Legion of Decency* mußte auch eine Szene geschnitten werden, in

der sich der gekreuzigte Spartacus in Schmerzen windet
und ihm seine Geliebte Varinia (Jean Simmons) zuruft:
»Oh, bitte stirb, mein Darling!«

Sterne

(Zwezdy, DDR/Bulgarien 1959, Regie Konrad Wolf)

Ein deutscher Unteroffizier (Jürgen Frohriep) und eine
jüdische Zwangsarbeiterin (Sascha Kruscharska) verlieben
sich im Zweiten Weltkrieg in einem bulgarischen Dorf in-
einander. Diese Beziehung öffnet dem Deutschen die Augen für seine Mitschuld am Elend der Deportierten. Um
die junge Frau vor dem Abtransport nach Auschwitz zu
retten, nimmt er Kontakt zu bulgarischen Partisanen auf.

Der poetische, optisch anspruchsvolle Film lief als erster
DDR-Spielfilm im Wettbewerb von Cannes, wo er mit
einer »Palme« ausgezeichnet wurde. Wegen des Alleinver-
tretungsanspruchs der Bundesrepublik wurde er als bulgari-
sche Produktion eingereicht. Als er in bundesrepublikani-
sche Kinos kam, mußte auf politischen Druck die wichtige
Schlußszene entfernt werden, in der der Unteroffizier sich
nach der Deportation der Frau den Partisanen anschließt.

Stirb langsam

(Die Hard, USA 1987/88, Regie John McTiernan)

Die Besetzung eines Bürohochhauses durch eine Gangster-
bande mit terroristischem Hintergrund kann nach einem
spannenden Action-Einsatz durch einen Polizisten (Bruce

Willis) beendet werden. – Die Terroristen sind im Original Deutsche. Durch kleine Kürzungen und veränderte Dialoge bei der Synchronisation war diese Tatsache in der (west)deutschen Fassung nicht mehr zu erkennen.

Das süße Leben

(La dolce vita, Italien/Frankreich 1959, Regie Federico Fellini)

Heute ein großer Klassiker, galt der Film zu seiner Entstehungszeit als anstößig, weil er das sinnentleerte Treiben der römischen High-Society teilweise drastisch karikierte. In Italien wurde der Film ebenso kontrovers aufgenommen wie in den USA. Der Film zeigte zwar kaum mehr nackte Haut als heute jedes Vormittagsprogramm, aber für das damalige Empfinden in den USA war es dennoch zu viel. In öffentlichen Auseinandersetzungen konnten sich jedoch die, die den gesellschaftskritischen Ansatz des Films verteidigten, durchsetzen. »La dolce vita« gab der –» *Legion of Decency* den Anstoß, ihre Richtlinien zu reformieren.

In der Bundesrepublik nahm man weniger an den Bildern als an den Texten Anstoß. Als »pikant« empfundene Dialogstellen mußten in der deutschen Synchronisation verändert werden. Statt »Wenn du jetzt noch so gut im Bett bist wie ich am Steuer, dann freu dich!«, hieß es nur: »Natürlich! Habe keine Angst um deine süße Papa!« Aus »Tarzan, mach dich frei, mein Sohn!« wurde »Tarzan, du bist der Richtige!«. Anstelle des Satzes »Wenn ich das Licht ausmache, gibst du dein Bestes, um eine Frau aus ihr zu machen«, hieß es jetzt: »Tue dein Bestes und enttäusche uns nicht.«

Trotz dieser Eingriffe hat Fellinis Meisterwerk längst Kultstatus; Anita Ekbergs Bad im Trevibrunnen etwa ist zu einem Mythos der Filmgeschichte geworden.

Symphonie der Liebe -> Ekstase

Das Tagebuch der Anne Frank

(The Diary of Anne Frank, USA 1959, Regie George Stevens)

Der Film ist eine eher konventionelle Dramatisierung des weltberühmten Textes, der authentisch die Situation einer Gruppe von Amsterdamer Juden erzählt, die sich zur Zeit der deutschen Besatzung versteckt hält. Für die bundesdeutsche Fassung wurde der Schluß gekappt, in dem das Schicksal der Familie nach der Verhaftung erzählt wird. Diese Verhaftung brachte Anne und mehreren ihrer Angehörigen den Tod in deutschen Konzentrationslagern.

Ultimo -> Das Leben kann so schön sein

Der Untertan

(DDR 1951, Regie Wolfgang Staudte)

In einer faszinierenden Bildsprache und mit beißendem Spott gegenüber dem deutschen Untertanengeist adaptierte Staudte den Roman von Heinrich Mann. Im Mittelpunkt steht der Lebensweg des Kleinbürgers Diederich

Heßling (Werner Peters), der erkennt, daß man der Macht dienen muß, wenn man Macht ausüben will. So, nach oben buckelnd und nach unten tretend, wird er einer der eifrigsten Untertanen des wilhelminischen Kaiserreichs.

Sechs Jahre lang blieb der auf internationalen Festivals preisgekrönte Film in der Bundesrepublik verboten. Erst 1957 konnte er hier in einer um zwölf Minuten gekürzten Fassung erstaufgeführt werden. Vorangestellt wurde jedoch ein Text, der den Inhalt relativierte und den dargestellten Fall als ein Einzelbeispiel kennzeichnete.

Der verlorene Engel

(DDR 1966/71, Regie Ralf Kirsten)

Der Film erzählt vom Leben des Bildhauers und Schriftstellers Ernst Barlach 1937 in Güstrow. Sein Werk galt den Nazis als »entartete Kunst«. In Reflexionen kommt der alte Mann zu einer kritischen Selbstanalyse.

Von den nach dem berüchtigten 11. Plenum des ZK der SED nach 1965 verbotenen Filmen (–> »Wenn du groß bist, lieber Adam«) war dieser der einzige, der ein historisches Thema aufgegriffen hatte. Jedoch wurde dem Film bzw. seinen Machern unterstellt, am Beispiel der faschistischen Diktatur das Verhältnis des Künstlers auch zur gegenwärtigen Gesellschaft zu reflektieren. Auf Vermittlung von Konrad Wolf und anläßlich einer Barlach-Ausstellung in Moskau konnte Ralf Kirsten den Film bearbeiten, was allerdings auch bedeutete, ihn zu kürzen. Dabei gingen rund 400 Meter des ursprünglichen Films verloren. In nur vier Kopien wurde er schließlich 1971 gestartet.

491

(Schweden 1964, Regie Vilgot Sjöman)

Kriminelle Jugendliche leben in einem betreuten Wohnprojekt zusammen, ohne auch nur Ansätze einer Besserung zu zeigen. Sie machen die Bekanntschaft der jungen Prostituierten Steva (Lena Nyman), die sie anschaffen schicken, um bei ihrem Betreuer ihre Schulden bezahlen zu können. Schließlich treiben sie Lena zur Sodomie mit einem Schäferhund. Diese Szene wurde um etwa eine Minute gekürzt, nachdem das Totalverbot des Streifens nicht durchgesetzt werden konnte. (Der »Verein für Deutsche Schäferhunde« griff den Film ebenfalls an. In Städten, in denen der Film lief, beschlossen Kirchenvorstände Glockengeläut-Boykotte.) Auch einige Dialoge mußten nachträglich unverständlich gemacht werden – gegen den Protest von namhaften Pädagogen und Sozialarbeitern, die gerade der Härte der Darstellung eine abschreckende Wirkung zubilligten. – Der Titel bezieht sich übrigens auf ein Bibelwort, nach dem der Mensch sieben mal siebzigmal, also 490mal, Vergebung üben solle. Die 491. Verfehlung kann nicht mehr vergeben werden.

Viridiana

(Spanien/Mexiko 1961, Regie Luis Buñuel)

Buñuels Meisterwerk über eine nur für die Nächstenliebe lebende Novizin, die mit Unmoral, Bosheit und sozialem Elend konfrontiert wird, wurde in der deutschen Fassung um etwa elf Minuten gekürzt, nachdem er katholischen

Filmexperten gezeigt worden war. So wurde das Berühren eines Kuheuters durch die Novizin eliminiert. Auch die Szene, in der eine Dornenkrone verbrannt wurde, fehlt in der deutschen Verleihfassung.

Was ist eigentlich Pornographie?

(BRD 1971, Regie Oswalt Kolle)

Der als pseudowissenschaftlich klassifizierte Kompilationsfilm (aus bereits vorhandenem Material zusammengesetzter Film) ließ Publizisten und Sexualwissenschaftler zu Wort kommen. Als Beispiele wurden Szenen aus unzensierten Schmalfilmen mit sexuellen Handlungen zitiert. Da dieser derart montierte Kompilationsfilm nun aber durch die Zensurmühle ging, wimmelte es hier von schwarzen Balken, Streifen und Übertünchungen. Es gab Szenen mit Totalverdunkelung, in denen nur der Ton zu hören war, während andere nach Prüfung durch die → *FSK* ganz geschnitten wurden.

Weibliche Assentierung → Saturn-Film

Weißes Gift / Berüchtigt

(Notorious, USA 1946, Regie Alfred Hitchcock)

Ingrid Bergman spielt die Tochter eines Wissenschaftlers, der wegen seiner Spionagetätigkeit für das nationalsozialistische Deutschland verurteilt wurde. Im Auftrag eines

Agenten der amerikanischen Spionageabwehr (Cary Grant) heiratet sie einen der Hintermänner ihres Vaters (Claude Rains), um nunmehr zu helfen, den mit Uranerz operierenden Spionagering auszuheben. Dabei gerät sie in Lebensgefahr.

Als der Film 1951 in bundesdeutsche Kinos kam, war er völlig entstellt. Aus den Nazis waren internationale Rauschgifthändler geworden, worauf sich auch der deutsche Titel »Weißes Gift« bezog. Offenbar hatte man Angst, das »deutsche Nationalgefühl« zu verletzen. Erst mit einer ZDF-Synchronisation kam der Film 1969 werkgetreu als »Berüchtigt« zur Aufführung.

Wenn du groß bist, lieber Adam

(DDR 1965/90, Regie Egon Günther)

Die zweite eigenständige Regiearbeit von Egon Günther war ein zeitgenössisches Märchen und erzählte die Geschichte eines in Dresden lebenden Jungen. Adam (Stephan Jahnke) besitzt eine Zauber-Taschenlampe. Wenn ein Mensch lügt, und Adam strahlt ihn mit seiner Lampe an, beginnt der Schwindler zu schweben. Der Film war hintersinnig und voller Anspielungen, heiter und liebenswert, und er erinnerte in seiner Mischung aus Phantasie und moralischem Anspruch an die Kinderbücher von Erich Kästner, in seinem Witz an tschechische und in seiner Leichtigkeit an französische Komödien. Natürlich stellte der Film nicht nur menschliche Schwächen bloß, sondern auch die Doppelzüngigkeit und das autoritäre Gehabe von Funktionären. Überdies gab es so manche politische Anspielung.

Kein Wunder also, daß dieser Film zu den auf dem 11. Plenum des Zentralkomitees der SED (Ende 1965) angegriffenen Kunstwerken zählte. Dieser und anderen DEFA-Produktionen wurde vorgeworfen, ein verzerrtes Bild der Wirklichkeit im Sozialismus zu zeichnen und Schwächen der gesellschaftlichen Entwicklung zu stark hervorzuheben. Auch Egon Günthers Film traf das Verdikt. »Der Film ist sehr intellektuell aufgebaut, deshalb tritt bei ihm die weltanschaulich-philosophische Fragestellung des Wahrheitsproblems in einer weitergehenden Verallgemeinerung in Erscheinung. Er propagiert eine undialektische, relativistische Auffassung von der Wahrheit und muß deshalb fast durchgängig die Lauterkeit und Ehrlichkeit unserer Mitmenschen, aber auch führender Kräfte unserer Gesellschaft objektiv offen in Frage stellen«, hieß es in einer Stellungnahme der → HV Film Anfang 1966. Vergeblich versuchte Egon Günther, den Film durch Änderungen zu retten. Für die inkriminierten Stellen führte der Regisseur später Beispiele an: »Die Obrigkeit empfand es zum Beispiel als absolute Blasphemie, daß der Junge nicht zu der schwarzen Kubanerin, in die er verliebt ist, sagt: ›Wenn ich groß bin, heirate ich dich‹, sondern: ›Wenn ich groß bin, werde ich Neger.‹ Das wurde als Angriff empfunden.« Der Regisseur gab nach und schnitt den Satz.

Erst nach der politischen Wende konnte Günther den Film 1990 anhand des vorhandenen Materials rekonstruieren. Das war nicht einfach, denn nicht alles konnte mehr aufgefunden werden. »Nachdem der Film verboten worden war und in den Bunker kam, sind die kritischsten Dialogstellen verschwunden. Bild und Ton waren damals auf

zwei getrennten Bändern. Irgend jemand hat die ›gefährlichsten‹ Töne entwendet. So haben wir jetzt bei der Rekonstruktion an diesen Stellen Drehbuchseiten einblen-
den müssen«, erklärte der Regisseur damals in einem
Interview. Tatsächlich ist der Film dadurch doppelt inter-
essant, markiert er doch die verbotenen Teile und hebt sie
– anders als zur Drehzeit beabsichtigt – noch hervor. Eine
der brisantesten Szenen ist die Vereidigung von Rekruten
der NVA, die Adam und sein Vater (Gerry Wolff) zufällig
miterleben. Die Soldaten schwören, ihr Leben für den Sozialismus zu geben. Der Junge knipst die Lampe an, und
die Soldaten schweben in der Luft.

Der (wirklich) allerletzte Streich der Olsenbande

(Olsen-Bandens sidste stik, Dänemark/Deutschland 1998, Regie
Tom Hedegaard)

Der dänischen Erfolgsserie um → »Die Olsenbande«
wurde nach 17jähriger Pause ein letzter Film hinzugefügt;
wohl, weil im östlichen Teil Deutschlands – auch durch
den Erfolg einer Fernsehreportage, eines Fan-Buchs und
einer Video-Edition – ein ungebrochenes Interesse an den
liebenswerten Ganoven bestand. Man ließ die sichtlich ge-
alterten Helden noch einmal auf die Jagd nach den Millionen gehen. Die deutsche Kinofassung, für die der MDR
verantwortlich zeichnete, hatte nicht die Länge des dänischen Originals. Einige Szenen wurden in sich gekürzt. So
wollen Benny und Kjeld einen Plan von Egon aus dem
Jahr 1981 jetzt in die Tat umsetzen. Sie sprengen den Tresor eines Bauunternehmens, wobei sie die Detonation mit

einer Matratze abdämpfen. Doch der Plan ist veraltet, im Tresor findet sich kein Vorrat an Dänischen Kronen, sondern nur eine alte Flasche. Diese Nebenhandlung war in der deutschen Fassung völlig geschnitten.

Zazie

(Zazie dans le métro / Zazie nel metro, Frankreich/Italien 1960, Regie Louis Malle)

Das frühe Meisterwerk von Louis Malle aus der »Nouvelle vague« führt, aus der Sicht eines schlagfertigen Kindes, die bestehende Welt der Erwachsenen ad absurdum. Im Dialog, dem ein Roman von Raymond Queneau zugrunde liegt, werden sprachliche Klischees vorgeführt. Die → FSK forderte jedoch für die deutsche Synchronisation Eingriffe, um »das sittliche und religiöse Empfinden weiter Bevölkerungskreise« nicht zu verletzen. So mußten aus »Sauereien« offenbar weniger derbe »Schweinereien« werden, aus einem »Saukerl« »so ein Kerl«, ein »Sittenstrolch« wurde ein harmloser »Strolch« und »Homosexuelle« zu »Transvestiten«. Die junge Mado (Annie Fratellini) sagt zu der lesbischen Albertine (Carla Marlier) eigentlich anerkennend: »Sie sind so toll gebaut!« Nach dem *FSK*-Einspruch heißt es nun: »Sie sind unglaublich schön.« Zazies Onkel Gabriel (Philippe Noiret) wird von jemandem gefragt: »Sie leben wohl davon, daß Sie kleine Mädchen auf den Strich schicken?« Die Frage lautet in der deutschen Version: »Sie leben wohl davon, daß Sie kleine Mädchen stehlen schicken?«

Zombie 2 – Das letzte Kapitel

(Day of the Dead, USA 1985, Regie George A. Romero)

Die dritte Version von George A. Romeros Zombie-Thematik genießt als Endzeit-Vision hohe künstlerische Anerkennung und wurde vom Museum of Modern Art in New York in die Reihe der 100 wichtigsten US-Filme aufgenommen. Allerdings ist die Geschichte von den menschenfressenden Untoten doch nicht jedermanns Sache. In der Bundesrepublik wurde die gesamte letzte halbe Stunde des Films von der -» *FSK* beanstandet und gänzlich rausgeschnitten.

Ein Zug fährt ab -» Filme aus der Zeit des Nationalsozialismus in der DDR

20 000 Meilen unter dem Meer

(20 000 Leagues Under the Sea, USA 1954, Regie Richard Fleischer)

Die Jules-Verne-Adaption um den menschenfeindlichen Kapitän Nemo (James Mason) und sein U-Boot »Nautilus« war eine Produktion der Walt-Disney-Studios. Der DEFA-Außenhandel der DDR kaufte 1968/69 erstmals und einmalig ein Paket mit einigen wenigen Disney-Filmen aller Genres, die in den folgenden Jahren in den DDR-Kinos liefen. Dabei gab es für »20 000 Meilen unter dem Meer« eine Schnittanweisung. Bei einer Landung der »Nautilus« wird das Schiff von Kannibalen belagert, derer sich die Besatzung entledigt, indem sie Stromschläge aussendet. Offenbar war dieser Umgang mit dem Eingeborenenvolk zu drastisch, so daß die Szene dem Publikum in der DDR vorenthalten wurde. Allerdings wurde diese Veränderung in mindestens einer Kopie, die auch in mehreren DDR-Kinos lief, nicht ausgeführt.

Zensur kann anstacheln

Anstelle eines Nachworts:
ein Gespräch mit Egon Günther

Der mit vielen internationalen Preisen ausgezeichnete Film- und Fernsehregisseur Egon Günther, Jahrgang 1927, hat in drei deutschen Republiken Erfahrungen mit der Zensur gemacht: in beiden deutschen Staaten bis 1990 und seitdem in der geeinten Bundesrepublik Deutschland. Seine Filme erregten immer wieder Anstoß – wegen der ungewöhnlichen Filmsprache, in der er auch bei historischen Stoffen in Wort und Bild immer wieder auf die Gegenwart verwies, aber auch wegen der politischen Brisanz der Konflikte und Fragestellungen.

Egon Günther war zunächst Lehrer, dann Verlagslektor, bevor er 1958 als Dramaturg zur DEFA, der staatlichen Filmgesellschaft der DDR, kam. Im Sommer 2003 hatte ich Gelegenheit, mit dem nach wie vor aktiven Regisseur und Autor über seine Erfahrungen zu sprechen.

Herr Günther, Ihre erste Regiearbeit war zugleich Ihr erster Zensurfall. »Das Kleid« war eine Adaption von Andersens Märchen »Des Kaisers neue Kleider«. Soweit ich weiß, wurde der Film nicht geschnitten, sondern gleich – wie er war – verboten.

Das war tatsächlich so. Ich hatte das Szenarium geschrieben, Konrad Petzold inszenierte den Film, und ich war sein Co-Regisseur. Wir versuchten, den Gehalt der Vorlage – es ist ja ein relativ kurzes Märchen – zu verdeutlichen: die

111

Kleingeisterei, das Buckeln nach oben und das Treten nach unten. Die geistige Enge, die in dieser eingemauerten Stadt herrscht. Den Machthabern wird gesagt, ihr seid absolute Unterdrücker, aber ihr seid nackt, im Grunde habt ihr ausgespielt. Was wir bei den Dreharbeiten in der ersten Hälfte des Jahres 1961 nicht ahnten, war, daß im August in Berlin die Mauer gebaut würde. Zwangsläufig bezog man bei der Abnahme alles auf die Berliner Situation. Das war ja auch kein Zufall. Nach der Studio-Abnahme versuchten wir noch zu ändern, aber es war unmöglich, den Film durchzukriegen.

Gleich mit dem ersten ambitionierten Film eine Verbotserfahrung zu machen, muß doch deprimierend sein.

Wir haben uns wahrlich nicht wohlgefühlt, aber wir waren jung und voller Pläne und glaubten an uns. Ich habe geschrieben und weiter als Dramaturg gearbeitet. Und als ich dann Anfang 1965 meinen zweiten Film »Lots Weib« drehen konnte, machte ich ganz andere Erfahrungen. Der Film kam durch. Dabei war mir ja die Brisanz des Stoffes klar. Ich erzählte von einer kaputten Ehe, in der der Mann eindeutig die Schuld an der Situation trug. Aber er war eben Uniformträger, ein Offizier der Volksmarine, ein Garant des Staates, einer von denen, die nach der Doktrin moralische Vorbilder einer neuen Gesellschaft sein sollten. Zur Volksmarine kommen doch nur die Besten. Und dieser »Beste« war in seiner Haltung sehr gestrig.

So, wie ihn Günther Simon spielte, würde man ihn heute einen Macho nennen.

Ja, und natürlich fühlten sich Leute angegriffen. Es gab harte Diskussionen in der Öffentlichkeit um diesen Film. Aber man redete darüber. Das wollten wir ja. Wenn der Film nur wenige Monate später herausgekommen wäre, wäre er zweifellos verboten worden.

In der Zeit nach dem Mauerbau gab es in der Kulturpolitik der DDR eine liberalere Phase. Die endete mit dem 11. Plenum des ZK der SED im Dezember 1965. Und das Plenum hat Ihnen ja böse Erfahrungen gebracht. In meinem Buch ist Ihrem Film »Wenn du groß bist, lieber Adam« ein Kapitel gewidmet. Ein typischer »zerschnittener Film«!

Das Zerschneiden nach der Studio-Abnahme hat nichts genutzt. Wir versuchten zwar, zu retten, was zu retten ist, und natürlich ging ich da auch Kompromisse ein. Ich wollte ja, daß die Leute ihn sehen und darüber reden. Dabei wollte ich mit dem »Adam« im positiven Sinn provozieren, zum Denken anregen. Wenn die Atmosphäre im Studio nicht so gewesen wäre, daß man geglaubt hätte, der Film kommt durch, hätten wir ihn doch nie gedreht.

Als sie die Teile des Films 1990 rekonstruiert haben, konnten Sie einige Töne nicht mehr finden.

Ja, ich habe meine Vermutungen, daß die »gefährlichsten« Töne vom Dramaturgen aus Angst vernichtet worden waren. Um die Dialoge trotzdem zu retten, habe ich an diesen Stellen das Drehbuch eingeblendet. Da wird der Zuschauer auf diese »Stellen« natürlich besonders aufmerksam gemacht. Und das funktioniert. Ich erlebe immer wieder in

Vorführungen, daß erst bei der Einblendung einer Dreh-buchseite Stille herrscht. Alle lesen meist im gleichen Tempo, bis dann gleichzeitig der Lacher kommt. Das ist faszinierend.

Nach dem »Adam« müssen Sie wieder in ein Loch gefallen sein.

So etwas kompensiere ich mit Schreiben, und dann kam hinzu, daß man sich in seiner Kritik an den Zuständen im Land mit vielen einig war. Ich habe eigentlich niemanden, wirklich niemanden getroffen, der im persönlichen Ge-spräch nicht gezeigt hätte, daß er darüber genauso denkt wie ich. Nur darüber, wann und wie man sich äußern sollte, hatten wir verschiedene Auffassungen. Und dann hatte ich Glück. In der Studioleitung saßen immer Leute, die an mich glaubten. Nach einiger Zeit bekam ich wieder Stoffe ange-boten. Der Vorschlag, »Abschied« nach Johannes R. Be-chers Roman zu drehen, wurde mir vom Studio gemacht.

Der Film attackierte Obrigkeitsdenken. Und er erzählte, daß Johannes R. Becher, der spätere Kulturminister der DDR, in seiner Jugend eine Prostituierte erschossen hat. Da gab es den nächsten Verbotsfall.

Der Film lief eine Woche. Schon die Premiere verlief ge-spenstisch, weil Walter und Lotte Ulbricht als Ehrengäste da waren, aber den Saal schon verließen, bevor der Film begann. Es gab interne Proteste, ganz im stillen lief das ab. Ich erfuhr erst mal gar nicht, daß der Film zurückgezogen worden war.

114

Ich ging damals zur Schule, und wir haben »Abschied« einige Wochen nach dem Start in einer internen Vorführung für den Deutsch-Unterricht gesehen.

Das war so ein Trick. Interne Vorführungen waren noch möglich. Da konnten sie sagen, der Film ist doch gar nicht verboten. Er wurde bloß nicht im Kino gezeigt. Ich bin mit dem Film sogar durch Nordafrika gefahren, habe ihn in Frankreich gezeigt. Das gab dort große Bewunderung, die natürlich dem Ansehen der DDR zugute kam. Nur hier war er nicht zu sehen.

Sie haben seit Ende der sechziger Jahre auch für das Fernsehen gearbeitet. Haben Sie da auch Verbotserfahrungen gemacht?

Nein, das waren Stoffe, die von der literarischen Vorlage her so stark waren, daß da keine Eingriffe erfolgten. Ich erinnere mich aber, daß ich aus den drei Teilen »Erziehung vor Verdun« für eine Auslandsfassung zwei Teile schneiden mußte. Noch vor Drehbeginn war der Stoff als Zweiteiler verkauft worden, und der Vertrag mußte eingehalten werden.

Tat Ihnen das nicht weh, große Teile des eigentlichen Films weglassen zu müssen?

Natürlich, aber mein Trost war, daß der Dreiteiler ja existiert und jederzeit wieder vorgeführt werden kann.

Ihr Gegenwartsfilm »Der Dritte« mit Jutta Hoffmann wurde gefeiert, bekam Preise in Karlový Varý und Venedig. Aber der

*gleich darauf gedrehte Film »Die Schlüssel«, der dem »Drit-
ten« in künstlerischer Kraft und Brisanz in nichts nachsteht,
blieb zwei Jahre liegen, ehe er gekürzt auf der Leinwand erscheinen konnte. Ich sehe da eine Parallele zur liberaleren
Phase nach dem Mauerbau, als »Lots Weib« noch kommen
konnte, und »Adam« dann schon zu viel war, und auch zu
der Zeit nach dem Machtantritt Honeckers 1971, der ja
zunächst proklamierte, es dürfe in der Kunst keine Tabus
geben.*

Während die liberale Phase nach '61 wenigstens noch vier
Jahre anhielt, waren es bei Honecker nicht einmal zwei.
Ich habe dann angefangen, historische Stoffe zu drehen,
etwas anderes haben sie mir gar nicht angeboten. Dabei
war um mich herum immer so eine Atmosphäre, als ob da
noch was ginge. Dann kamen wieder die Verbote. Nach
dem Streit um »Ursula« habe ich im Westen gearbeitet.
Konrad Wolf, mit dem ich mich immer gut verstanden
habe, ließ mir ausrichten: »Zu früh!«

*Haben Sie denn im Westen Ihre Filme so drehen können,
wie Sie wollten?*

Fürs Fernsehen ja, da hatte ich freie Hand, niemand redete
unqualifiziert hinein. Ich habe aber nicht begriffen, daß da
ein Standesunterschied besteht zwischen den Regisseuren,
die fürs Fernsehen arbeiten, und denen, die Kinofilme machen. Als ich nach vielen erfolgreichen Fernsehfilmen
»Rosamunde«, meinen ersten Kinofilm im Westen machte,
war ich als Fernsehregisseur abgestempelt. Der Produzent
stellte sich einen ganz anderen Film vor, als ich ihn

machte. Er wollte eine gefällige, abenteuerliche Geschichte, und mir war der politische Gehalt der historischen Situation wichtig. Wenige Jahre vor Beginn der Nazi-Herrschaft gibt es da die Entführung des Sohns einer großbürgerlichen jüdischen Familie. Da existierte ein starkes politisches Spannungsfeld. Aber hier setzte die Zensur des Geldes ein. Die ist die schlimmste, weil man ihr nicht mit Argumenten beikommen kann. Der Produzent zwang mich zu vielen Änderungen und Kürzungen. Das war eine ganz andere Art von Zensur, als ich sie bisher erlebt hatte. Aber so seltsam das klingt, die bisherige Form der Zensur, die politisch motivierte, war mir die liebere. Sie stachelte an, man rieb sich und blieb einfallsreich. Die Zensur des Marktes deprimiert nur.

Den gleichen Ärger hatten Sie ja mit ihrem vorerst letzten Spielfilm »Die Braut«.

Ich spreche nicht gern darüber, denn es waren bestürzende Erfahrungen. Ich war gezwungen, auf große, bereits abgedrehte Komplexe zu verzichten, damit der Film eine gefällige Kinolänge bekam. Jetzt ist seine Struktur zerstört, viele Motive sind nicht wiederzuerkennen. Aber eine ähnliche Erfahrung mache ich inzwischen beim Fernsehen. Hier kann der größte Mist produziert werden, wenn die Zuschauer-Quote stimmt. Auch die Quote macht Zensur. Ich bemühe mich darum, einen Zweiteiler über Friedrich Nietzsche zu machen. Das Buch liegt komplett vor. Aber es ist nach Meinung einiger Herren und Damen für unsere Zuschauer zu anspruchsvoll.

Schreiben Sie nur noch an Filmstoffen oder gibt es von Ihnen auch neue Prosa?

Natürlich, ich kann gar nicht anders als zu schreiben. Und auch damit kann man immer wieder Anstoß erregen. Hier habe ich meinen Roman »Einmal Karthago und zurück«. Der ist 1974 erschienen und wurde dann zurückgezogen. Zum Zeichen, daß die Bücher der Vernichtung zugeführt wurden, mußte die erste Seite herausgerissen und eingeschickt werden. Aber viele wurden trotzdem nicht vernichtet. Man findet in Antiquariaten immer wieder solche Exemplare. Eine absurde Geschichte!

Wohl wahr! Ich danke Ihnen für das Gespräch und dafür, daß Sie mir die Idee für mein nächstes Lexikon geliefert haben. Das könnte dann heißen »Zerrissene Bücher«.

Verzeichnis der im Buch erwähnten Regisseure

Quellen

Michael Achenbach/Paolo Cannepele/Ernst Kieninger: Projektionen der Sehnsucht, Filmarchiv Austria, Wien 1999

Thomas Bräutigam: Lexikon der Film- und Fernsehsynchronisation, Schwarzkopf & Schwarzkopf, Berlin 2001

Stephan Buchloh: »Pervers, jugendgefährdend, staatsfeindlich« – Zensur in der Ära Adenauer, Campus Verlag, Frankfurt am Main/New York 2002

Burghard Ciesla: »Droht der Menschheit Vernichtung?«, in: Ralf Schenk und Erika Richter (Red.), apropos: Film 2002 – Das Jahrbuch der DEFA-Stiftung, Bertz Verlag, Berlin 2002

Frank Eberlein und F.-B. Habel: Die Olsenbande, Schwarzkopf & Schwarzkopf, Berlin 2000

Frank Eberlein: Das große Lexikon der Olsenbande, Schwarzkopf & Schwarzkopf, Berlin 2001

Sergej Eisenstein, Schriften 2: Panzerkreuzer Potemkin, Carl Hanser Verlag, München 1973

Werner Faulstich und Helmut Korte (Hg.): Fischer Filmgeschichte, Band 2, Fischer Taschenbuch, Frankfurt am Main 1991

Egon Günther und Ralf Schenk: Die verzauberte Welt, in: Ralf Schenk und Erika Richter (Red.), apropos: Film 2000 – Das Jahrbuch der DEFA-Stiftung, Das Neue Berlin, Berlin 2000

F.-B. Habel: Das große Lexikon der DEFA-Spielfilme, Schwarzkopf & Schwarzkopf, Berlin 2001

Hermann Herlinghaus, Heinz Baumert, Renate Georgi (Hg.): Sergej Eisenstein – Künstler der Revolution, Henschelverlag, Berlin 1960

Christoph Hünermann u. a. (Red.): Chronik des Films, Chronik-Verlag, Gütersloh/München 1996

Horst Peter Koll u. a. (Red.): Lexikon des internationalen Films, Rowohlt, Reinbek 1995

Armin Loacker (Hg.): Ekstase, Filmarchiv Austria, Wien 2001

Klaus-Jürgen Maiwald: Filmzensur im NS-Staat, Dortmund 1983

Eva Orbanz und Hans Helmut Prinzler: Staudte, Wissenschaftsverlag Volker Spiess, Berlin 1991

Helma Schleif (Red.): Max Ophüls, Reihe Kinemathek der Freunde der Deutschen Kinemathek Berlin, Berlin 1989

Walther Schmieding: Kunst oder Kasse, Rütten & Loening, Hamburg 1961

Wolfram Schütte u. a.: Luchino Visconti, Carl Hanser Verlag, München 1975

Roland Seim: Zwischen Medienfreiheit und Zensureingriffen, Telos Verlag, Münster 1997

Dawn B. Sova: Forbidden Films, Checkmark Books, New York 2001

Joachim Stargard und Maurice Labro: Le fauve est lâché, unveröffentlichtes Manuskript für den Filmklub Halle, 1970

Holger Theuerkauf: Goebbels' Filmerbe, Ullstein, Berlin 1998

Rolf Tissen: Sex verklärt, Heyne Filmbibliothek, München 1995

Jerzy Toeplitz: Geschichte des Films, Berlin 1972 bis 1991

Eckhard Weise: Orson Welles, Rowohlt, Reinbek 1996

Billy Wilder und Hellmuth Karasek: Nahaufnahme, Hoffmann und Campe, Hamburg 1992

Herrmann Zschoche: Sieben Sommersprossen und andere Erinnerungen, Das Neue Berlin, Berlin 2002

Bildnachweis

Abb. 1, 2, 3, 4, 5 und 6: Cinetext Bildarchiv

Abb. 7: Bundesarchiv Filmarchiv, Berlin, DEFA-Fotograf: Herbert Kroiss

Abb. 8: Bundesarchiv Filmarchiv, Berlin, DEFA-Fotograf: Wolfgang Ebert

Abb. 9: Bundesarchiv Filmarchiv, Berlin

Abb. 10: Bundesarchiv Filmarchiv, Berlin

Abb. 11: Bundesarchiv Filmarchiv, Berlin, DEFA-Fotograf: Klaus Goldmann

Abb. 12: Bundesarchiv Filmarchiv, Berlin, DEFA-Fotograf: W. Pathenheimer

Abb. 13: Bundesarchiv Filmarchiv, Berlin

Abb. 14: Bundesarchiv Filmarchiv, Berlin

Leider konnten in einigen Fällen die Rechtsnachfolger der Fotografen trotz intensiver Recherche nicht ermittelt werden. Berechtigte Ansprüche bitten wir an den Verlag zu richten.

Der Autor

F.-B. Habel ist ein exzellenter Kenner des deutschen und internationalen Films; er arbeitete beim DFF, später beim Staatlichen Filmarchiv der DDR und studierte in den achtziger Jahren an der Hochschule für Film und Fernsehen Potsdam-Babelsberg. F.-B. Habel veröffentlichte zuletzt das »Lexikon der DEFA-Spielfilme«.